전지구적 자본주의에 눈뜨기

아리프 딜릭 지음

설준규 · 정남영 옮김

창작과비평사

1998

After the Revolution
Waking to Global Capitalism

ARIF DIRLIK

로이드 이스트먼을 추모하며

로이드 이스트먼을 추모하며

서　문

　　이 긴 에쎄이는 지난 십년, 특히 1989년 이후 세계의 상황 변화가 내포한 이론적·정치적 의의에 관한 성찰이다. 1991년에 쏟아져나오는 전지구적 자본주의(Global Capitalism)에 관한 새로운 문헌들을 체계적으로 파고들기 시작했을 당시, 나는 새로운 세계적 무질서를 내 나름으로 이해해보겠다는 제한된——그리고 전적으로 개인적인——목표만을 지니고 있을 따름이었다. 이런 문헌들을 읽으면서 도출해낸 생각들을 기록해나가는 사이, 일상생활의 문제에서 추상적 이론의 문제에 이르기까지, 내가 얼마간 붙들고 씨름해온 일련의 문제들 전체가 내 기록 속으로 들어왔음을 알게 되었다. 이 에쎄이는 그것의 소산이다. 이 성찰들이 궁극적으로 어떤 의미가 있고 또 얼마나 타당할는지에 대해서 나는 말할 차비가 되어 있지 않다. 이 성찰들은 빛을 밝혀줄 수도, 좌절감을 던져줄 수도 있을 것이다. 친애하는 동료들과 벗들로부터 이 글을 읽은 소감을 들으면서, 그리고 이 에쎄이에서 제기한 쟁점들을 다양한 자리에서 토론해본 결과, 나는 이 글의 논의가 개인적 차원을 넘어선 의의를 지닌다고 확신하게 되었다. 각 장의 머리글들은 이 에쎄이가 이러한 문제들에 관한 다른 분들의 견해에 얼마나 많은 신세를 지고 있는지, 그리고 이 글이 우리 시대의 기본적 관심사에 어떤 방식으로 맞닿을 수 있는지를 가리켜 보일 수 있을 것이다. 인간이 도처에서 제 갈 길을 잃고 소외되었음이 분명한데도 몽매주의적인 이데올로기적 자기만족이 판치는 시대에, 여기서 제기된 쟁점들이 부분적으로 혹은 전반적으로 이 에쎄이와 견해를 달리하는 분들에게조차 생각을 촉발할 수 있기를 바랄 따름이다.

갖가지 제안이나 열정어린 응답을 통해 이 글쓰기를 지원해주고, 또한 내 생각이 여러 새로운 방향으로 향하게끔 자극해준 분들에게 나는 고마움의 빚을 지고 있다. 그분들의 조언을 좀더 받아들이는 것이 나로서는 아마도 좀더 지혜로운 일이었을는지도 모른다. 나는 브루스 커밍스(Bruce Cumings), 프레드릭 제임슨(Fredric Jameson), 레베카 칼(Rebecca Karl), 싸리 막디씨(Saree Makdisi), 모리스 마이스너(Maurice Meisner), 마사오 미요시(Masao Miyoshi), 도널드 피즈(Donald Pease), 록싼 프라즈니악(Roxann Prazniak), 롭 윌슨(Rob Wilson), 유 케핑(Yu Keping) 그리고 창 슈동(Zhang Xudong) 등을 특히 거명하고 싶다. 그리고 듀크대학의 '맑스주의와 사회 쎄미나', 위스컨신-매디슨 대학의 '아시아/태평양 연구에서의 비판적 대안에 관한 워크샵', 중국 공산당 중앙편찬번역국 맑스주의-레닌주의 연구소의 특별 쎄미나, 뻬이징대학 국제정치학과의 비공식 쎄미나 등, 이 글의 쟁점들을 상당히 상세히 논의한 다양한 토론의 장에 참석하셨던 분들께 진 빚도 밝혀두고 싶다.

나는 내 친구이자 동료 중국역사가였던 일리노이대학의 로이드 이스트먼(Lyoyd E. Eastman)의 영전에 슬픈 마음으로 이 책을 바친다. 로이드는 이 책의 원고가 출판작업에 들어갈 즈음 때아니게 세상을 떠났다. 민국 시기 중국(Republican China)의 역사가 중 으뜸가는 사람 가운데 하나였던 그는 철저한 학자였다. 그의 인품과 미완으로 남은 학문적 기획들이 길이 아쉬움으로 기억될 것이다.

아리프 딜릭

차 례

영리한 폭탄, 우둔한 인간들 :
새로운 세계질서

한때 유행하는 말로라면 모르지만, 1991년의 걸프전이 '새로운 세계질서' 또는 '역사의 종말'을 이끌어 들인 것은 아니다. 하지만 그것이 새로운 인식의 무질서가 도래했음을 나타낸 것은 분명하다. 어떤 의미에서 보아도 그것은 영리한 폭탄과 우둔한 인간들 간의 전쟁이었다. 한쪽에는 영리한 폭탄이 있어서 모든 싸움을 도맡았기에, 폭탄 발사 단추를 누르는 것말고는 인간이 참여할 필요가 없었다. 단추만 누르면 폭탄이 알아서 치명적으로 정확하게 표적에 명중했다. 다른 쪽에는 우둔한 인간들이 천장 너머에서 어떤 일이 벌어지는지를 전혀 알지 못한 채 지하 벙커에 갇혀 있다가, 너무 늦어서 대책이 없게 된 연후에야 상황을 알게 될 뿐이었다. 그들은 싸움조차 해보지 못했다.

인식이 제한된 결과 이라크 병사들이 수천명씩 말 그대로 유린당하는 대가를 치르는 사이, 유린당하는 것은 그들만이 아니었고, 인식의 암흑상태 또한 그들만 겪는 것이 아니었다. 폭탄이 인간을 대신해준다는 사실은 미국에서 축하거리가 되었으며, 놀랄 만한 도덕적 사악성을 수반했다. 펜타곤의 홍보관련자에서 TV 및 인쇄매체 언론인, 일반대중에 이르기까지, 걸

프전은 사상자가 별로 없다는 이유로 축하의 대상이
었다. 미국이 제3세계 땅에서 수행한 마지막 실제 전
쟁은 막대한 손실을 초래했었다. 대중들이 자신들의
배우자와 자식 또는 부모가 거의 다치지 않고 귀국할
것이라는 생각에 엄청난 안도감을 느꼈다는 것은 이
해할 만한 일이다. 하지만 TV 화면에 매일 중계되다
시피 했던 베트남전쟁 기간 동안에는, 유린되는 상대
편에 대한 동정심이 솟구치기도 했으며, 그같은 감정
은 고통받는 인간으로서의 동류성에 대한 인식을 통
해 양편을 한데 모으기도 했다. 이번엔 양편을 갈라
놓는 수사법이 동원됐다. 그 수사법에는 지상 또는
지하에서 쓰러져 죽은 십만에서 이십만에 이르는 이
라크 사람들에 대한 인식이라곤 하나도 드러나지 않
았다. 그들은 '매우 적은' 또는 '무시할 만한' 사상자
에 관한 언급에서 빠져 있었다. 펜타곤은 대중들의
타자에 대한 무관심을 굳히기 위해 보도를 연출했다.
하지만 나는 모든 차이가 그같은 연출의 소산이라고
보지는 않는다. 싸움다운 싸움이 벌어지기도 전에 폭
탄이 일을 끝내버렸던 것이다. 눈을 씻고 보아도 인
간은 들어 있지 않을 듯한 표적을 향해 나아가는 폭
탄의 전자적 궤적의 모습 앞에서 동정심은 마비되었
다. 언젠가 펜타곤의 보도전을 지휘하는 임무를 맡은
장군이 이라크 사상자에 관한 질문을 받았을 때, 그
는 안됐지만 어쩔 수 없다는 투로 "그 친구들 잘못인
걸요"라고 답했다. 우물 안 개구리의 책잡을 수 없는
논법에 돌격부대의 도덕적 감성이 결합된 태도이다.

더 놀라운 것은 청중들이 고개를 끄덕였다는 점이다. 그 이야기가 도덕적 분노조차 불러일으키지 않았다는 사실은 이곳 사람들마저도 영리한 폭탄 덕분에 우둔해졌을 수도 있음을 암시한다.

새로운 세계질서 속의 제3세계와 제1세계! 걸프전은 유연생산 시대의 변화된 전지구적 관계의 징후였다. 제3세계 사회들이 이전의 싸움에서 제1세계의 군사력을 패배시킬 수 있었다면 그것은 게릴라전 때문이었다. 새로운 첨단 과학기술 덕분에, 걸프전에서 발이 묶인 이라크군을 에워싸고 윤무를 추었던 것은 제1·제2·제3세계의 연합군이었다

1

맑스주의는 어디로?

12

발터 벤야민의 역사철학에 관한 아홉번째 테제

뽈 끌레(Klee)가 그린 「새로운 천사」라는 그림은 골똘히 바라보고 있던 그 무엇인가로부터 막 떠나가려는 듯 보이는 한 천사의 모습을 보여준다. 그의 눈은 뚫어지게 바라보고 있고 그의 입은 열려 있으며 두 날개는 펼쳐져 있다. 역사의 천사도 이런 모습일 것이다. 그의 얼굴은 과거로 향해 있다. 우리가 사건의 연쇄를 보는 자리에서, 그는 파괴의 잔해를 연이어 자신의 발 아래 던져 쌓아올리는 단 하나의 재난을 볼 따름이다. 천사는 머물러 있으면서 죽은 자를 깨우고 파괴된 것을 온전하게 만들고 싶다. 그러나 낙원으로부터 폭풍이 불어와 그의 날개를 너무나 강한 힘으로 부풀려서 천사는 날개를 접을 수가 없다. 이 폭풍은 그가 등을 돌리고 있는 미래를 향해 저항할 수 없이 그를 떠밀고, 파괴의 잔해더미는 그의 눈앞에서 하늘까지 치솟는다. 이 폭풍이 우리가 진보라 일컫는 것이다. *

새로운 세계질서 1주년 기념일에, 상원의원 어니스트 홀링즈(*Ernest Hollings*; 민주당, 싸우스 캐럴라이너 출신)는 "미국에서 제조되고 일본에서 시험되다"라는 글귀가 새겨진 버섯구름 사진 한 장을 일본에 보내자고 제안했다. 홀링즈 상원의원은 나중에 그 말이 농담이었다고 밝혔다. 어서 오시라, 새로운 세계질서 속으로.

* Walter Benjamin, "Theses on History," *Illuminations*, ed. by Hannah Arendt (New York: Harcourt, Brace and World 1968), 255~66면.

1

맑스주의는 어디로?

우리 시대의 급진적 가능성을 검토하려면 맑스주의에 관한 비판에서 출발할 수밖에 없다. 지난 한 세기 반 동안 맑스주의는 자본주의사회에 대한 가장 근본적인 비판을 제공해왔다. 또한 맑스주의는 대안적 사회·경제적 조직형태를 제시함으로써 자본주의에 맞서 유일하게 설득력있는 도전을 내놓았던 다양한 사회주의운동들을 고무하는 힘으로 작용해오기도 했다.

어떠한 실질적인 의미에서도 사회주의사회는 더이상 존재하지 않는다. 이같은 사정은 유례없는 위기상황으로서 맑스주의 앞에 닥쳐 있으며, 장차 급진적인 대안들을 정식화하는 과정에서 맑스주의가 어떤 역할을 수행해야 할 것인가 하는 문제를 제기한다. 급진적인 대안이 필요하다는 데는 의심의 여지가 없다. 현재의 위기는 단순히 사회주의나 맑스주의만의 위기가 아니라 자본주의의 위기이기도 하다. 다만 우리는 자본주의의 대안이 없어 보이는 까닭에, 여러 위기가 마치 일상적 삶의 조건이기라도 한 듯 거기에 파묻혀 지냄으로써 그같은 사실을 외면하고 있을 뿐인 것이다. 조만간 대안이 마련되어야 할 터이다. 문제는 자본주의에 맞선 대안들의 가장 주된 원천이 그 자체의 역사적 귀결에 짓눌려 해체되고 만 것처럼 보이는 지금 시점에서 그같은 대안들을 어떻게 구상할 것인가 하는 점이다.

자본주의가 역사상 여러 차례 위기를 거치면서도 살아남을 수 있었다는 사실은 맑스주의 주장의 타당성에 거듭 의문을 제기해왔다. 또한 맑스주의가 경제적 착취와 계급문제에 거의 전적으로 매달린 탓에 자본주의 내 협의의 경제조직 바깥에서 비롯되는 억압과 착취문제는 전혀 살피지 못했다고 생각하는 사람들은 여타 급진적인 입장에서 맑스주의에 의문을 제기해오기도 했다. 여러 사회주의사회가 경제적 착취와 억압의 문제는 일부 해결할 수 있었던 반면 그밖의 근본적인 사회적·정치적 문제들은 해결하지 못했다는 것이 분명해짐에 따라, 이같은 문제제기들은 지난 몇십년 사이에 위세를 더해갔다. 사실 그같은 근본적인 문제들은 자본주의사회에서보다 오히려 사회주의사회에서 더 첨예한 양상을 띠었던 것이다.

이같은 문제가 집요하게 제기됨에 따라, 맑스주의자들은 대대로 환멸에 빠지고 사기를 잃어갔다. 하지만 사회주의사회가 자본주의의 실효성 있는 대안을 제시한다고 주장할 수 있는 한, 맑스주의자들은 현재의 문제에 대한 미래의 해결을 약속으로 내밂으로써 맑스주의의 근본에 의문을 제기하는 일을 회피할 수 있었다. 여러 사회주의사회의 몰락이 맑스주의의 미래를 앗아가버린 듯한 지금, 이런 문제들을 대면하는 것은 더 이상 미래로 미룰 수 없는 일이 되었다. 전지구적 경제조직에서 일어난 근본적인 변화들은 사회주의의 쇠망을 불러오는 데 한몫 했을 뿐만 아니라 맑스주의의 지속적인 유효성에도 의문을 제기하게 된 것이다. 사회주의사회의 붕괴와 더불어 전면에 부각된 전지구적 자본주의의 출현은 여러 사회간의 관계를 재편하고 국민국가의 구실을 변화시키는가 하면, 발전 및 사회적 변화에 관한 모든 비판적 입장들을 재검토해야 할 필요를 창출했다. 이같은 변화들과 더불어, 맑스주의이론의 주된 사회적 지반(constituency)인 노동자계급이 사회적 중요성의 면에서 2차적인 존재로 격하된 반면, 여타 사회적 지반들이 부각되면서 정치와 사회의 미래에서 자기 몫을 주장하게 되었다. 그러므로 맑스주의의 사망을 선고하는 것은 때이른 것일 수 있겠으나, 맑스주의가 새로운 세계적 상황이 제기하는 문제들을 충분히 해명할 수 없다는 점은 이제 매우 분명하다. 인간해방이 크게 보아 경제적 결핍 및 사회적·정치적 착취와 억압에서 해방되는 것으로 이해될 수 있다면, 이제 인간해방의 비전은 맑스의 시대와는 딴판이 되어버린 세계적 상황에 기반을 두어야 하는 한편, 이같이 새로운 상황과 더불어 부각된 새로운 사회적 지반들의 비전도 담아내야 한다.

맑스주의가 최근에 맞게 된 이 유례없는 위기는 새로운 세계적 상황의 산물이다. 그런데 바로 이같은 세계적 상황에서 자본주의적 발전의 몇몇 특성들이 표면에 드러나기도 했는데, 이 특성들은——아이러니컬하게도——맑스주의의 근본 전제들, 즉 맑스주의가 자본주의에 대한 발본적인 비판으로서 실패하게 된 원인으로 지적될 수 있는 근본 전제들을 부각시켰다. 만약 우리가 맑스주의의 자본주의 비판이 지닌 결함뿐만 아니라 (맑스주의가 모든 급진적 이론화 작업에서 중심적 지위를 차지해왔음을 고려해서) 자본주의의 대안으로서 과거에 정식화된 입장들이 지닌 결함까지도 온전히 파악하려면, 이같은 전제들의 적나라한 모습을 대면하는 것이 현재로선 중요하다. 여기서 목표가 되는 것은 급진주의가 또다시 처한 위기의 와중에서 맑스주의를 다시금 재평가함으로써 그것을 그 자신의 과거로부터 구해내는 일이 아니다. 미래의 급진적 가능성이 아무리 멀고 멀어 보일지라도, 그 가능성을 점검함에 있어서 이같은 결함들과 정공법으로 대결할 수 있게끔 그 결함들을 표면에 끌어올리는 일이 목표인 것이다.

이후의 내용에서 나는 여러 사회들의 전지구적 재편, 곧 사회주의국가들의 몰락 및 (가장 중요한 사안으로) 전지구적 자본주의의 출현이라는 현재 상황과 관련해서 맑스주의를 논해보고자 한다. 전지구적 자본주의의 출현은 현재의 전지구적 변화를 이해하는 데 감안해야 할 최대한의 거시적 정황을 이룬다. 이런 변화의 성격 및 그 결과를 파악하는 데 맑스주의가 필수적이라는 것이 내 주장이지만, 이 주장에는 맑스주의 이론이 그 자체에 내장된 근대화 지상주의에서 벗어나야 한다는 단서가 따른다. 어떻든간에 현재 문제가 되고 있는 것은 맑스주의 자체만이 아니라 근대화 및 발전——또는 반다나 시바(Vandana Shiva)의 어법에 따르면 "오(誤)발전"(maldevelopment)——이라는 관념 전체인 것이다. 맑스주의는 근대화의 공간적·시간적 목적론에서 빠져나와야 할 필요가 있는 만큼이나 개념상의 목적론에서도 벗어날 필요가 있다. 그리하여 맑스주의는, 설사 그 이론적 온전성을 훼손하거나 또는 심지어 포기하는 결과가 빚어지는 한이 있더라도, 사회변화를 달리 개념화하는 대안적 관점에 대해서도 개방적인 자세를 취할 필요가 있다. 해방의 문제는 맑스주의를 위시하여 어떤 하나의 이론 안에 가두어질 수 없다는 것이 나의 생각이다. 만약 해방이라는 목표를 성취하기 위해 이론을 수정해야 한다면 마땅히 그렇게 해야 한다. 이론은 해방을 앞당기기 위해 존재하는 것이지, 이론의 자기 연명이나 그 이론의 기반을 이루는 특정한 비전의 연명을 꾀하는 데 해방의 약속을 볼모로 삼기 위해 존재하는 것이 아니다.

　현재 상황에 적합한 해방의 의제를 짜는 일에 관한 내 결론들은 얼핏 보아 맑스주의적이라고 하기 어려울 뿐만 아니라 오히려 반(反)맑스주의적이라고까지 간주될 가능성이 크다. 나는 일반적으로 다음과 같이 주장하려고 한다. 즉 (계급범주를 포함한) 인습적인 맑스주의의 핵심 범주들은 해방의 여러 문제를 다루는 데 불충분할뿐더러, 현대 자본주의의의 복잡성 및 현대 자본주의가 전지구적으로 생성해내거나 의식의 표층으로 끌어낸 여러 사회구성체 및 사회문제들의 복잡성을 온전히 파악하는 데도 충분치 못하다는 것이다. 그러므로 나는 인습적 범주를 통해 이론적 총체화를 이루려는 여하한 시도에도 저항할 것이며, 맑스주의를 맑스주의의 여러 이론적 정식화에 함축되지 않은 여러 범주를 향해 열어나가려고 노력할 생각이다. 내 비판은 맑스주의의 메타이론적인 공간적·시간적 전제들에 대한 비판에서 출발한다. 이같은 비판의 의도는, 맑스주의를 자본주의사회 속에 포함되어 있음으로 인해 한계지어진 이론으로 역사화하는 것이다. 자본주의사회는 우선 맑스주의를 낳았고, 또한 그 이론과 비전의 경계를 정하기도 했던 것이다. 그리하여 해방의 비전은 이론에서 독립되어 형성되어야 한다는 것이 내 주장의 결론이다. 왜냐하면 맑스주의 옹호자들이 과거에 전제했던 것과는 달리 그 비전은 맑스주의에 내재하는 것이 아니기 때문이다. 아니 좀더 정확히 말해서 그 이론에 내재하는 비전은 자본주의사회에서 기원한다는 사실에 의해 한계지어졌다는 것이다.

　그렇지만 이같은 '이론으로부터의 해방'을 위한 논의의 여러 조건을 파악하는 데 있어 맑스주의이론 및 그 이론에 기반한 혁명적 실천들이 불가결하다고 나는 주장한다. 달리 말해 맑스주의이론 및 그것이 낳은 역사적 체험이 없었더라면 내가 내놓는 정식화도 불가능했을 것이다. 내가 직접적으로 의존하고 있는 세계체제이론의 다양한 형태들이 그러하듯, 현대 자본주의(그리고 그 내부의 사회주의가 겪는 운명)에 관한 나의 분석은 자본주의에 관한 맑스주의적 분석에 기반을 두고 있다. 내가 맑스주의이론에 (그 메타이론적 전제들뿐만 아니라 범주들에도) 끌어들이는 수정사항들은 맑스주의의 혁명적 체험의 산물이다. 이론의 문제에 관한 나의 통찰은 1930년대 중국혁명의 체험에 기대고 있는데, 이 체험은 내가 맑스주의의 제3세계적 대면의 한 실례로 간주하는 마오주의적 맑스주의에서 완전하게 명료화된다. 이런 수정사항들은, 설사 맑스주의자들이 어쩌면 그것들의 온전한 함의를 인정하기를 꺼려해왔을지라도, 이미 맑스주의의 이론적·혁명적 전통의 일부를 이루고 있다.

　여기서 문제는 맑스주의를 거부하는 것이 아니라 그것을 '자아비판'하는 것이다. 사실 나는 맑스주의를 하나의 폐쇄체계로 만드는 총체화 절차들은 거부한다. 그들은 총체성을 주장함에도 불구하고, 모든 다른 사회적 범주들을 이런저런 맑스주의적 범주로 돌리는 범주적 환원론에 이끌리고 있다. 총체화 절차들은 자본주의를 총체적으로 대면하기 위해, 그리고 좀더 중요한 일로서, 자본주의를 넘어서서 자본주의의 문제틀 (그리고 자본주의로부터 단서를 취하는 특정한 맑스주의의 한 유형) 내에 포함될 수 없는——자본주의가 그같은 문제들을 의식의 표층으로 끌어내는 데 얼마나 중요하건간에——사회 및 해방의 문제들을 포괄하기 위해서 필수적이다. 그렇지만 총체화의 이같은 양식은 범주적 전제들에 의해 **선험적으로** 제한되기보다는 개방적(다시 말해 역사적)이어야 한다. 이것은 단순한 다원주의와는 다르다. 왜냐하면 이것은 총체성을 향한 열망을 간직하고 있을뿐더러, 총체성을 **역사적으로** 정식화하는 과정에서 범주들을 분절할 필요를 여전히 인정하기 때문이다. 나아가 이것은 사회적 범주들이 그 구체적 현현의 과정에서, 분석적 추상화에서와는 달리, 각각으로부터 고립된 상태가 아니라 환원 불가능한 중층결정적 상태로 나타나며, 이 중층결정적 상태는 역사적으로 변화하는 총체들을 파악하는 데 필요한 절차들을 형성함과 아울러 그같은 총체들 내에서 그 사회적 범주들이 지니는 종합국면적 의미를 규정한다는 전제를 깔고 있기도 한 것이다. 또한 총체화의 이 대안적 양식은 해방의 여러 목표가 이론에서 독립되어 정식화되어야 한다는 나의 주장을 조건짓기도 한다. 이론이나 그 이론의 직접적인 역사적 조건들에조차 필연적으로 함축되어 있지는 않은 제반 윤리적 선택이 그러한 목표를 정식화하는 데 중요하다. 그렇다고 해서 그같은 선택들 자체가 자의적(恣意的)이라는 말은 아니다. 그런 선택이 가능한가 혹은 의식이나마 될 수 있는가라는 문제를 떠나서, 그런 선택이 해방의 물질적 여건으로부터 분리될 수는 없다. 맑스주의는 이 점과 관련해서도 내놓을 이야기가 많다. 하지만 이러한 맑스주의는 그 해방의 제반 목표에 지속적으로 충실하려면 해방을 위한 투쟁의 과정에서 자신을 다시 정의해야만 하며, 총체에 관한 자신의 관점을 그러한 투쟁들의 지평에 떠오를 수도 있는 여러 광범위한 총체들 속으로 통합하고, 나아가 궁극적으로 이론으로서의 그 자신을 철폐할 차비까지도 갖추어야 한다.

'계급'에 관해 몇가지 언급함으로써 이같은 점들을 예시해보자. 뒤에 가서 나는 맑스주의 사회분석의 중심 범주인 계급범주가 해방의 제반 조건을 분석하는 데 불충분할뿐더러 그 환원론적 성격 탓에 해방의 과업에 심지어 방해가 될 수도 있다고 결론내린다. 그렇다고 계급개념이 사회분석에서 빠져도 된다거나 해방의 여러 목표를 정식화하는 데 적실하지 않다는 말은 아니다. 급진적 사회분석에서 현재 통용되고 있는 범주들(내가 염두에 두고 있는 것은 성, 종족, 인종 등인데) 가운데 계급은 구체적이고 사회적으로 식별 가능한 어떤 것으로 환원되지 않는 유일한 범주이다. 그리하여 계급범주의 추상성은 자본주의 생산양식의 핵심에 자리하면서도 그것의 일상적 작동과정에서는 감추어져 있는 사회관계를 드러내는 데 있어 결정적이다. 성이나 종족과 같은 범주들은, 우리가 아무리 사회적 구성물이라 내세운다 하더라도, 쉽게 식별할 수 있는 사회적 (그리고 극단적인 경우 생물학적) 지시대상을 갖고 있다. 계급은 체제 그 자체 안에서만 추론 가능한 하나의 추상물로서가 아니라면 결코 그렇지 않다. 계급의 구체적인 사회적 현상형태들이 역사적으로 보아 잠정적 성격을 띤다는 것은 계급범주의 추상성에 대한 충분한 증거가 된다. 왜냐하면 그같은 현상형태들이 떠오르는 조건은 쉽게 식별할 수 있는 사회적 연계가 아니라 '계급의식'이라는 추상적 관념인 까닭에, 일상생활에서 '계급의식'은 좀더 구체적인 사회관계에 쉽게 압도되기 때문이다. 맑스의 어법을 빌려서 말하자면, 계급이 하나의 개념으로서 유의미하다고 할 때 그 유의미성은 '대자적'(for itself)이기보다는 주로 '즉자적'(in-itself)이며, 이같은 사실은 맑스주의가 계급에 기초한 정치를 생성하는 데 역사적으로 실패한 근본 원인일 수도 있다. 계급의 정치가 계급조직을 생성한 경우조차도, 그 조직의 사회적 지반이 지속적으로 연대를 유지하지 못하는 까닭에 조직이 자신의 지반으로부터 분리되는 경향이 있는 것이다.

하지만 이같은 추상성은 계급을 하나의 개념으로서 오히려 더 중요하게 만든다. 자본주의가 자본주의 자체의 산물이 아닌 문제들——설사 그것들을 문제로 부각시키고 그들에 구체적 현상형태를 부여한 것은 자본주의의 몫이라 하더라도——에 대해서조차도 체제적 맥락을 제공하는만큼, 계급범주는 사회분석의 다른 모든 범주를 관통한다. 구체적인 사회적 실체로서보다는 추상적인 합리적 범주로서 중요성을 지닌다는 바로 그 이유 때문에, 계급은 그와 경쟁하는 다른 개념의 경우에는 불가능한 방식으로 자본주의에 대한 합리적 비판을 가능하게 만든다. 계급은 자본주의사회의 권력이 조직되는 근본 원리를 가리켜 보이기도 하는데, 이것은 자본주의사회의 권력 그 자체는 추상적이어서 여하한 배타적 사회집단의 속성이기보다는 체제작동의 속성이기 때문이다. 상이한 성(genders), 종족(ethnicities) 등등을 자신의 구조 안으로 동화해낸 자본주의사회는 상상할 수 있겠으나, 계급이 빠진 자본주의사회는 상상할 수 없다. 정치적 의식 및 행동에서 계급의 구체적 현상형태들을 이해하는 데 이러한 여타 범주들이 필요하지만, 권력 분석과정에서 이 범주들을 이데올로기적으로 탈신비화하는 데 있어 계급개념 자체는 더욱 불가결하다. 성, 종족 및 여타 유사한 범주들은 사회적 구체성을 띤다는 바로 그 점 때문에 자본주의사회의 구조에 손쉽게 동화될 수 있거니와, 그같은 집단의 몇몇 구성원이 동화되는 것을 집단 전체의 동화로 오인하는 일이 비교적 쉽게 발생한다. 집단 동일시는 그 집단이 구체적인 사회적 실체인 것으로 보일 때 훨씬 쉽게 일어난다.

반면 계급개념의 문제점은 그 환원론적 성격, 다시 말해 계급이 자본주의사회의 핵심 문제이므로 여타 이 모든 사회관계가 나타내는 문제들이 계급의 문제로 환원될 수 있다는 가정을 그 개념이 깔고 있다는 사실이다. 내가 보기에 이 환원론적 성격이야말로 맑스주의이론(그리고 그 비전)의 지평이 자본주의적 맥락 및 자본주의에 관한 그 자체의 추상적 정식화로 인해 한계를 안게 되는 지점이다. 계급은 그 구체적 현상형태에서 결코 순수한 형태가 아니라 사회적 존재의 중층결정된 구체성을 통해 나타나므로, 계급을 여타 사회적 범주들로부터 고립시켜보는 것은 분석방법으로서 잘못되었을 뿐만 아니라 해방을 위한 일상적 투쟁에도 장애가 된다.

현대 자본주의의 전개과정은 이러한 문제들을 더욱더 집요하게 의식의 전면으로 끌어냈다. 구체적인 것과의 대면은, 뒤에서 논증하겠지만, '경계영역'(borderland) ── 사회의 경계영역 못지않게 범주의 경계영역 ──이 해방을 위한 투쟁의 현장임을 가리켜 보인다. 자본주의가 그같은 경계영역들을 해방의 직접적 조건으로서 해방의 문제를 한가운데 자리잡게 해버린 까닭에, 새로운 윤리적 방향의 모색뿐만 아니라 좀더 개방적인 이론적 정식화를 탐구하는 것도 필요하게 되었다. 우리가 과거에 알았던 맑스주의는 그같은 경계영역들의 복합성을 온전히 대면하기에는 충분하지 않다. 그렇다고 해서 그 영역들을 이해하거나 대안적 미래를 창출하는 데 맑스주의가 맡을 결정적으로 중요한 역할이 없다는 말은 아니다. 하지만 그 역할을 감당하려면 맑스주의는 역사적으로 보아 자신의 이론적 모태인 자본주의 생산양식에 의해 획정된 제한적인 지평에서 해방되어야 한다.

이 책의 논의에서 나는 맑스주의의 여러 특수한 이론적 정식화보다는 그 메타이론적 전제 ──구체적으로 그 공간적·시간적 전제──에 관심을 기울인다. 내가 이런 접근을 택한 데는 두 가지 이유가 있다. 첫째, 내가 생각하기에 맑스주의이론의 공간적 전제와 시간적 전제 ──이 둘이 분석과정에서 구분 가능한 것은 그들이 동일한 개념화 과정의 상이한 양상에 지나지 않는다는 사실을 우리가 상기하는 한에서인데──는 그 제반 이론적 정식화를 지배할뿐더러, 근본적인 의미에서 그같은 정식화를 틀짓는다. 자본주의 내부의 최근 전개양상들은 공간과 시간의 문제를 제반 이론적 고려의 과정에서 전면에 부각시켰다. 나는 이같은 점들을 결론 부분에서 다시 다룰 테지만, 이 문제들이 맑스주의에 관한 여러 '제3세계적' 관점에서 줄곧 분명히 떠올라 있었음도 여기서 지적해두고 싶다. 그것들이 제기하는 문제들을 예시하기 위해서 나는 중국 맑스주의를 내 출발점으로 삼았다.

둘째, 내가 이같은 메타이론적 전제들에 관심을 가지는 것은 그 전제들이 오늘날 맑스주의가 직면하고 있는 중대한 물음에 답하는 데 근본적 적실성을 지니고 있다고 생각하기 때문이다. 그 물음은 맑스주의의 비판이론으로서의 한계는 무엇인가라는 것이다. 좀 달리 말해 이것은 맑스주의가 자본주의를 넘어서는 것이 개념상으로 가능한가, 아니면 그것의 비판적 능력이 생산 및 재현양식으로서의 자본주의라는 경계에 의해——어쩌면 심지어 자본주의의 특정한 국면 또는 양상에 의해——한계지어져 있는가 하는 물음이다. 공간적·시간적 전제들의 면에서 사실 맑스주의는, 자본주의 생산양식이 시간과 공간——또는 이매뉴얼 월러스틴(Immanuel Wallerstein)의 표현을 빌리면 시공간(TimeSpace)[1]——에 질서를 부여하는 원리를 제공하도록 되어 있는 세계에 관한 특정한 개념화 방식에 의해 한계지어진다는 것이 나의 주장이다. 좀더 노골적으로 말한다면, 자본주의체제하에서 지배적인 사회적 존재의 대안을 모색하는 여러 정식화를 한꺼풀 벗기고 보면, 맑스주의는 자신의 모태인 자본주의 생산양식의 이데올로기적 헤게모니로부터 시간적·공간적 전제 면에서 자유롭지 못했거니와, 이같은 사실은 자본주의의 진정한 대안을 구상하는 맑스주의의 능력에 한계를 부여했으니, '사회주의' 사회들의 잔해는 그에 대한 서글픈 증언인 것이다. 따라서 자본주의에 대한 그 모든 강력한 비판에도 불구하고, 맑스주의는 자본주의 생산양식과 흥망을 함께할 수밖에 없다. 이렇게 말하는 것은 맑스주의가 (또

---

1) Immanuel Wallerstein, "The Invention of TimeSpace Realities: Towards an Understanding of our Historical Systems," *Unthinking Social Science: The Limits of Nineteenth Century Paradigms* (London: Polity Press 1991), 135~48면.

는 역사적 유물론이) "자본주의사회의 자기 이해"[2]라고 한 게오르그 루카치(George Lukacs)의 표현을 상기하는 것에 지나지 않을 것이다. 나는 거기에서 더 나아가, 심지어 자본주의사회 내부에서 자본주의 생산양식 너머를 (또는 그 바깥을) 가리켜 보이는 비판은 필연적으로 맑스주의 또한 넘어서야 하리라는 생각을 내비치고자 한다. 이 말은 그같은 비판이 맑스주의가 자본주의에 관해 할 만한 말을 무시해도 된다는 말과는 다르다. 오히려 나는 자본주의 생산양식에 관한 그 어떤 철저한 비판에서든 맑스주의가 (그 자체만으로 충분하지는 않더라도) 필수적임을 논증할 생각이다. 비판이론으로서의 맑스주의가 그 공간적·시간적 전제들에서만 빠져나온다면 자본주의의 경계를 넘어설 수도 있으리라는 주장조차 할 수 있다. 하지만 그것은 이론으로서의 이론, 또는 적어도 우리가 여태껏 알아왔던 이론을 철폐할 것을 요구할지도 모른다. 이 대목에서도 중국 맑스주의는 다시금 몇몇 통찰을 내놓는다. 비록 그 통찰들은 정식화된 연후에 결국 유기되고 말았지만.

현실 사회주의사회들의 붕괴가 맑스주의의 종말을 뜻한다는 요즘 유행하고 있는 관점에 내가 동의하지 않으며, 그 까닭은 '실제 존재하는 사회주의'와 맑스주의 사이에 연관이 없다고 생각하기 때문이 아니라, 맑스주의가 현실 사회주의사회가 아닌 자본주의와 시대를 같이한다고 생각하기 때문이라는 것은, 맑스주의의 문제를 이상과 같이 정식화한 데서 충분히 분명하게 드러났을 법하다. 맑스주의의 종말을 두고 요즘 통용되는 관점에 관한 프레드릭 제임슨(Frederic Jameson)의 다음과 같은 생각에 나는 동의한다.

내가 보기에 가장 웃기게 조리 없는 입장은 자본주의의 승리와 맑스주의

---

2) George Lukacs, "The Changing Function of Historical Materialism," *History and Class Consciousness: Studies in Marxist Dialectics*, trans. by Rodney Livingstone (Cambridge, MA: The MIT Press 1971), 223~25, 229면.

의 종말을 동시에 선포하는 것이다. 맑스주의는 무엇보다도 자본주의 및 그 여러 특성과 제반 모순에 관한 탐구가 아닌가. 만약 자본주의가 이제 보편화되었다고 한다면(맑스는 이것이 사회주의 ── 자본주의 안에 구조적으로 잠복한다고 그가 간주했던 ── 에 관한 구상을 가능케 하는 선결조건이라고 보았는데), 맑스주의는 분명 그 어느 때보다 더욱 유효한 것이 된다.[3]

자본주의 내 사회주의의 '잠복성'에 관한 제임슨의 언급은 내 생각에 맑스주의의 문제성일 수 있다고 여겨지는 것을 예시하지만, 그밖의 점에서 그는 왜 오늘날 맑스주의가 이전보다 더 유효한가를 설득력있게 논의하고 있다. 실상 사회주의국가들의 몰락은 맑스주의를 현실 사회주의국가와의 연계에서 풀어놓음으로써 해방적인 결과를 불러왔을 수도 있다. 예컨대 오늘날 미국의 정치가들과 대중들이 함께 ── 자본주의의 위기에 관한 일반적 인식의 일부로서 ── 의료의 사회화라든가 자본가에 의한 노동자의 억압, 그리고 재산과 권력을 쥔 자들에게 봉사하는 국가 등에 관해 공산주의와 연계될 두려움을 느끼지 않으면서 스스럼없이 말하게 된 데는 새로운 탈사회주의적 환경이 작용했을 가능성이 있다. 1992년 연방예산을 둘러싼 논쟁과정에서는 "계급전쟁의 조장" "부자의 빈자에 대한 계급전쟁"과 같은 비난이 난무했다. 1992년 3월 23일자 「맥닐/레어 보고」(McNeil/Lehrer Report)에서 『시카고 트리뷴』(*Chicago Tribune*)의 논설자 클래런스 페이지(Clarence Page)는 "1992년은 미국 정치에서 계급이 밀실에서 벗어난 해로 기억될 법하다"라고 썼다. 사회주의가 사망한 지금, 바야흐로 맑스주의는 자본주의사회로 귀향할 수 있게 된 것이다!

이론과 관련해서 좀더 뜻깊은 것은, 사회주의국가의 몰락이 맑스주의를 권위주의적 관료체제에 대한 이데올로기적 예속으로부터 풀어놓음

---

3) Frederic Jameson, "Duke Faculty on Marxism," *The Missing Link* (March 1992), 5면.

으로써 이론적 고찰과 전개의 새로운 기회를 마련했다는 점이다. 뽈 리꾀르(Paul Ricoeur)가 지적했듯,

> 당에 의한 공식적 교의의 창출은 또다른 이데올로기 현상을 촉발한다. … 종교가 지배계급의 권력을 정당화해왔다는 비난을 받는 것과 마찬가지로, 맑스주의는 노동계급 전위로서의 당의 권력 및 당내 지배집단의 권력에 대한 합리화 체계로 작용한다. 지배집단의 권력과 관련된 이같은 정당화 기능은 맑스주의의 경화증이 어째서 근대 이데올로기 가운데 가장 충격적인 사례가 되는지를 설명해준다. 역설적인 것은 맑스 사후의 맑스주의가 이데올로기를 현실에 대한 관계의 지속적 표현이자 그 관계의 은폐로 보았던 맑스 자신의 생각을 가장 놀랍게 예시한다는 사실이다.[4]

내식으로 말하자면 맑스주의가 이제 관료주의국가들의 헤게모니로부터 풀려났으므로, 맑스주의이론의 전제 안에 자리한 자본주의의 헤게모니를 맞대면하고, 나아가 그 이론을 어떻게 더 전개해나갈 수 있는지 여러 가능성을 살피는 것이 더욱 쉬울 수도 있다. 실상 현실 사회주의국가들의 체험은 맑스주의이론이 이러한 전제들로 인해 얼마나 왜곡되었는가를 보여주는 데 큰 몫을 했다.

현실 사회주의국가들의 몰락이 맑스주의에 제기한 문제들은 이론적이라기보다는 실천적이지만, 그렇다고 그 문제들이 덜 의미심장하다고 말할 수는 없다. 현실 사회주의 실험들에 대한 환멸은 사회주의에 대한 자본주의의 명백해 보이는 승리와 결합되면서, 맑스주의를 옹호하거나 그것에 관해 듣기를 꺼리는 경향을 조장했다. 지난날과 달리, 사회주의 모델을 자본주의의 실효성있는 대안으로 내세우는 사람은 세계 어디에도 별로 없다. 사실 자본주의의 헤게모니는 과거 어느 때보다도 빈틈없

---

4) Paul Ricoeur, "Science and Ideology," *From Text to Action: Essays in Hermeneutics, II*, trans. by Kathleen Blamey and John B. Thompson (Evanston, IL: Northwestern University Press 1991), 246~69면. 인용문은 259면.

어 보인다. 맑스주의에 관해 진지하게 이야기하고자 하는 사람 누구에게나 기를 꺾는 상황이 분명하지만, 그렇다고 이같은 상황이 자본주의의 위기가 해소되었음을 뜻하거나 이론의 중요성을 부정하는 것은 아니다. 오히려 이 상황은 자본주의 내부의 여러 전개양상 및 사회주의국가의 역사들을 아울러 해명할 수 있는 참신한 관점들을 통해 이론을 재검토할 것을 요청한다. 사회주의국가들이 몰락했다는 사실이 맑스주의가 그에 따라 사망했음을 뜻하지는 않는다. 자본주의 생산양식이 존속하는 한, 맑스주의자가 있건 없건, 맑스주의 또한 그 적실성을 유지할 것이다. 사회주의체제의 임종을 증거삼아 맑스주의의 사망을 서둘러 선언하는 (죠지 부시 George Bush에서 여러 중국전문가들에 이르는)[5] 사람들은, 발전이론에서 사회주의에 대한 부르즈와적 대안인 근대화라는 관념이 사회주의에 대해 분명 승리한 것으로 보임에도 불구하고, 비록 전적으로 무의미해지지는 않았다지만 그 자체로 깊은 곤경에 빠져 있음을 편리하게도 간과해버렸다.

사실 이론으로서의 맑스주의에 심각한 도전을 제기하는 것은 현실 사회주의국가들의 몰락이라기보다는 전지구적 자본주의 내부의 새로운 전개양상들이다. 이 전개양상들은 사회주의국가들의 몰락과정에 한몫을 하는 한편, '근대화' 자체를 포함한 발전에 대한 이전의 접근방식을 부적절한 것으로 만들었다. 이러한 변화는 자본주의 생산양식의 공간적·시간적 목적론에서 파생된 맑스주의이론의 기본 전제들에 의문을 제기하는 시·공간에 관한 새로운 개념화들을 초래했다. 만약 맑스주의가 종말을 맞는다면, 그것은 이같은 변화를 받아들여 자신의 전통 바깥에서 비롯되는 자본주의사회에 관한 대안적인 발본적 비판들에 적절히 대응할 능력이나 역량이 없기 때문일 것이다. 달리 말하자면 맑스주의

---

5) 예로는 다음 글 참조. Gilbert Rozman, "Theories of Modernization and Theories of Revolution: China and Russia," *Symposium on the Modernization of China, 1860~1949* (Taipei: Academic Simca 1991), 633~46면.

는 '파생적 담론' ── 곧 자본주의의 파생물 ── 이 아닌 그 무엇으로 전환될 수 있는가?[6]

따라서 문제가 되는 것은 맑스주의의 현재적 적실성이 아니라 그 미래의 적실성이다. 맑스주의가 자본주의에 관한 어떠한 비판에서도 중요한 까닭에, 미래에 관한 고찰에서 맑스주의이론 내부의 전제들을 간과할 수는 없다. 그러나 미래를 향한 지침으로서의 맑스주의는 자본주의 비판으로서의 맑스주의와 전적으로 별개의 것이다. 미래에 관한 맑스주의의 비전은 자본주의적 공간성·시간성을 내면화한 탓에 왜곡되었다. 그리하여 우리가 알아온 맑스주의는 자본주의 비판으로서 아무리 효과적이라고 하더라도 자본주의 생산양식에 대한 실효성있거나 바람직한 대안을 약속하지는 않는다. 전지구적 자본주의의 최근 여러 변화가 수반하는 자본주의적 공간성·시간성의 분화는 맑스주의의 공간적·시간적 전제들을 잠식했으며, 맑스주의를 자본주의 생산양식에 역사적으로 결박해온 연계고리들로부터 해방할는지도 모른다. 만약 그렇다면 현재의 위기는 사회에 관한 급진적 비전을 새롭게 정식화할 새로운 가능성을 제공할 수도 있으며, 그 정식화 과정에서 맑스주의는 ── 리꾀르의 말을 빌리면, "여러 작업도구 가운데 하나"로서이긴 하더라도 ── 본질적인 지위를 차지할 것이다.[7]

---

6) '파생적 담론'개념은 Partha Chatterjee, *Nationalist Thought and the Colonial World— A Derivative Discourse* (London: Zed Books 1986).

7) P. Ricoeur, 앞의 책, 260면.

2

발전의 맑스주의적 서사와
중국적 맑스주의

제3세계
유토피아주의

인도의 심리학자 아시스 난디(*Ashis Nandy*)는 자신의 사회철학을 간디의 유산에 기대고 있는 지혜로운 사상가이다. 근대성을 '해체사유'(*unthinking*)하는 것에 관한 그의 주장의 일단이 다음 구절에 담겨 있다.*

근대성은 모든 문화들의 최종적 상태도 아니고 제도적 창의성의 궁극도 아니다.…언젠가는 근대 이후의 사회들이나 근대 이후의 의식이 존재하게 될 터인데, 그같은 사회들과 그같은 의식은 근대성보다는 비근대적 또는 전근대적 세계의 전통에 기초하는 쪽을 택할 수도 있다.(xxvii 면)…공감과 사회현실에 대한 인식을 독점하려는 유토피아론과는 대화가 불가능하다. 그같은 비전은 모든 이단자들과 국외자들을 도덕과 인식의 면에서 열등하다고 해서 폄하할 뿐만 아니라, 그들을 이전 단계 문화와 역사로의 퇴행으로 규정한다.…그리하여 만약 이교가 일신론의 전단계이고 무역사성이 역사성의 전단계라고 한다면, 일신론자들과 역사적 사고를 지닌 사람들은 자신들과 자신의 세계를 원시인들이 원시인들 세계를 이해하는 것보다 더 잘 이해한다고 주장할 수 있을 뿐만 아니라, 원시인들의 세계마저 원시인들보다 더 잘 이해한다고 주장할 수 있게 된다. 사실 역사적 사고를 지닌 사람들은 전세계 역사의 서술자를 자임하는 까닭에 이교도들 및 역사를 모르는 자들의 미래를 그들 자신보다 더 잘 안다고 주장할 수 있는 것이다. 그들의 미래는 문명인들의 현재와 다를 것이 없을 것이므로. 이리하여 미개인들의 현재와 미래는 모두 장악된다(11면).…인류문명은 약탈과 억압에 관한 자신의 의식을 변화시키거나 확장하려고 늘 노력하고 있다.…사회주의자들 이전에 그 누가 계급을 억압의 단위로 여겼는가? 어린아이들이 부모의 억압으로부터 보호를

*Ashis Nandy, *Tradition, Tyranny and Utopias: Essays in the Politics of Awareness* (Delhi: Oxford University Press 1987).

받아야 한다고 느낀 사람이 프로이트 이전에 몇이나 되는가? 인간의 해방자로 간주되던 근대 기술문명이 인간의 가장 강력한 억압자가 되었다고 믿은 사람이, 서구의 환경위기에 뒤이어 간디가 부활하기 이전에 얼마나 되었는가? 우리의 제한된 윤리적 감수성으로는 인간상황에 대한 완벽한 인식이 보증되지 않는다.…불완전한 사회는 자신의 불완전함에 대한 불완전한 치유책을 내놓을 따름이다. 구원의 이론에는 언제나 이론가의 공간적·시간적 뿌리에서 떨어진 흙이 묻어 있게 마련이다(22면).…딱딱한 질문에 대한 부드러운 답변을 두려워하는 것은 딱딱함 자체에 절대적 가치를 부여하기를 거부하는 문화를 두려워하는 것이다.…지금 속류유물론은…전지구적 억압구조의 동맹세력이다. 논쟁을 현실세계로 옮긴다는 명분 아래, 속류유물론은 모든 선택을 단일한 문화, 곧 지배적인 전지구적 체제에 결속된 문화 안에서 주어지는 선택으로 환원한다(23~25면).…억압받는 이들의 목표는 억압의 세계에서 제2 또는 제3계급 시민 대신 제1계급 시민이 되는 것이 아니라, 자신의 인간성을 회복할 희망이 있는 대안적 세계를 건설하는 것이어야 한다(34면).…세계의 주변부는 편파적·편향적 또는 인종중심적 역사에 의해서뿐만 아니라 역사라는 관념 자체에 의해 희생되었다고 느끼기 일쑤다.…어떤 역사가 과학적이면 과학적일수록, 제3세계로 불리는 실험실에서는 그 역사가 더욱더 억압적인 경향을 보인다. 억압에 관한 역사와 여러 해방이론조차도 희생자들의 선택 가능성을 넓히기보다는 좁히는 성장의 여러 단계들을 당연시한다(46~48면).…세계의 주변부가 경제적 영락과 정치적 무기력상태를 겪으며 디오니쏘스적 진보이론 덕분에 인간적 존엄을 박탈당해오는 사이, 제1, 제2세계 또한 지적 지방주의와 문화적 퇴폐와 도덕적 영락에 더욱 깊히 빠져들어갔다.…(이 모든 이야기는—지은이) 제3세계의 감수성을 미래의 지구의식으로 내세우거나 제1세계로 하여금 죄의식에 탐닉하는 데서 위안을 얻으라고 항변하려는 고의적인 시도는 아니다. 나의 뜻은, 여러 문명들이 저마다 미래에 관한 진정한 비전을 발견하고 미래 속에서 자신의 진정성을 찾아야 하지만, 세계의 몇몇 주요 문명들을 이제 서로 가깝게 만든 '함께 고통 당함'의 체험을 받아들이지 않고서는 그 어느것도 가능하지 않다는 것을 우리가 인정하자는 것이다. 문화적 친밀성이라는 관념이, 19세기 유럽의 낙관론이 대중화시켰고 또 도그마의 지위로까지 격상시켰던 단일세계라는 오싹한 개념을 넘어서는 무엇이 될 수 있게 하는 것은, 이같은 함께 고통 당함이다(52~54면).

프랑스의 사상가 로제 가로디(Roger Garaudy)는 다음과 같이 썼다. "서양(Occident)은 하나의 사고(accident)이다. 인류역사상 처음으로, 서양사람들이 자신들의 '다시 태어남'(renaissance)이라고 부르는 것——다시 말해 자본주의와 식민주의의 동시 출생—— 이래, 과학은 지혜와 분리되었고 기술을 위한 기술만이 발전해왔다."*

* 같은 책, Preface, ix면.

2

발전의 맑스주의적 서사와 중국적 맑스주의

부르즈와지는 모든 생산도구의 급속한 개선과 대단히 편리해진 통신수단을 통해 모든 민족들, 심지어는 가장 미개한 민족들까지도 문명으로 끌어들인다. 그들 상품의 싼 가격은 만리장성을 전부 무너뜨리고 외국인에 대해 미개인이 갖고 있는 강렬하고 집요한 증오심을 굴복시키고 마는 중화기다. 부르즈와지는 모든 민족에게 멸종하지 않으려거든 부르즈와적 생산양식을 채택하라고 강요한다. 그는 모든 민족에게 이른바 문명을 받아들일 것을, 곧 그들 자신이 부르즈와지가 될 것을 강요한다. 한마디로 부르즈와지는 자신의 모습대로 세계를 창조한다.[1]

맑스와 엥겔스가 이 구절을 쓴 1848년 이래 전지구적 전개과정은 많은 우여곡절을 거쳐왔으며, 맑스의 충실한 추종자들마저도 부르즈와지가 세계에 가한 충격에 관한 그의 발언 몇몇을 수정해야만 했지만, 자본주의 생산양식의 전지구적 충격에 관한 그의 묘사에 시비를 걸 사람은 별로 없을 것이다. 맑스 자신의 생각에 의해 촉발된 저항을 포함해서,

---

1) Karl Marx and Friedrich Engels, *Manifesto of the Communist Party*, in *The Marx-Engels Reader*, ed. by Robert C. Tucker (New York: W. W. Norton & Co. 1972), 331~62면. 인용문은 339면.

맑스가 예상했던 것보다 더 많은 저항이 그 전지구적 전개과정을 지연
시켰지만 (그리고 그 저항은 아직도 지속되고 있지만), 그같은 과정이
맑스 시대 이후 내내 진행되어왔다는 데 의문을 제기하기는 어렵다. 이
윽고 자본주의의 승리와 역사의 종언을 선포할 정도로 자신만만해진 부
르즈와지는 더더욱 그같은 의문을 제기할 수 없을 것이다.

여기서 관심사가 되는 것은 자본주의의 이러한 서사에 담긴 공간적 ·
시간적 전제들이다. 맑스와 엥겔스에 따르면 부르즈와적 생산양식은 모
든 "만리장성"을 무너뜨리고 모든 대안적 생산양식을 유린하며, 계급이
나 직업, 심지어 혈연에 의해 규정되는 사회적 공간상의 모든 차이를 철
폐함으로써, 개별 사회들 내부에서 그리고 전지구적으로, 말 그대로 또
는 비유적인 의미에서 공간을 동질화한다.

지난 시대의 역사를 살펴보면, 거의 모든 곳에서 사회가 여러 지위, 사회
등급의 여러겹 계층으로 복잡하게 편제되어 있음을 발견하게 된다. …그러
나 부르즈와지의 시대는 계급대립을 단순화시켰다는 뚜렷한 특성을 지니
고 있다. 사회는 전체적으로 점차 두 개의 커다란 적대진영, 다시 말해서
직접 대치하고 있는 두 개의 커다란 계급인 부르즈와지와 프롤레타리아트
로 나뉘고 있다. …부르즈와지는 지금까지 경외감과 더불어 존경 · 존중받
아온 모든 직업들에서 그 신성한 후광을 박탈하였다. 부르즈와지는 의사,
법률가, 승려, 시인, 학자들을 자신이 고용하는 임금노동자로 만들어버렸
다. 부르즈와지는 가족으로부터 그 감상적 베일을 찢어 벗겨버렸고, 가족
관계를 순전히 금전의 관계로 전락시켰다. …세계시장 개척을 통해 부르즈
와지는 모든 나라의 생산 및 소비에 세계주의적인 성격을 부여하였다. …
종래의 지역적 · 민족적 고립과 자급자족 대신 여러 민족 상호간에 전면적
인 교섭과 상호의존이 나타났다. 지적 생산 또한 물질적 생산과 마찬가지
였다. 개개 민족의 지적 창의물은 모든 민족의 공동재산이 되었다. 민족적
편견 및 편협성은 점점 더 존재하기 어려워지고 숱한 민족적 · 지역적 문학
으로부터 하나의 세계문학이 형성된다. …부르즈와지는 농촌을 도시의 지
배하에 복속시켰다. 부르즈와지는 거대한 도시들을 만들고 도시인구를 농

촌인구에 비해 크게 증가시킴으로써 인구의 상당한 부분을 농촌생활의 우매함으로부터 구출해냈다. 부르즈와지는 농촌을 도시에 종속시킨 것과 마찬가지로, 미개하거나 반쯤 미개한 나라들을 문명화된 나라 아래로, 농업적 민족을 부르즈와적 민족 아래로, 동양을 서양 아래로 예속시켰다.[2]

공간의 이같은 동질화에는, 지역의 역사가 국가의 역사에 통합되고 국가의 역사는 또한 세계사의 일부가 되는, 시간의 전지구화가 함축된다. 이러한 세계사를 창조하는 과정에 있는 부르즈와지는 기본적인 의미에서 진정으로 역사적인 계급이다. 왜냐하면 "묵은 생산양식들을 변화하지 않은 상태로 보존하는 것이…종전의 모든 산업계급들의 존재조건이었던" 반면, 부르즈와지는 "생산도구를 끊임없이 혁신하고 또 그럼으로써 생산관계 및 모든 사회관계를 끊임없이 변혁하지 않고서는 존재할 수가 없다."[3] 여기에 함축된 바에 따르면 진정한 역사는 부르즈와 계급을 탄생시킨 역사뿐이었으며, 그 역사에 견줄 때 다른 여타 사회들은, 맑스가 다른 문맥에서 한 말을 빌리자면, 오로지 "시간의 이빨 사이에서 식물적 존재를 이어가고"[4] 있었을 뿐인 것으로 보였다. 다시 말해 부르즈와지는 단순한 세계사의 창조자에 머물지 않았다. 부르즈와지의 역사는 여타 과거들을 판단하는 데 필요한 시간성의 기준을 제공하기도 했던 것이다. 한 가지 예를 들면 맑스가 보기에 부르즈와 시대의 역동성과 대조적으로 인도사회에서는,

자기 자신을 동일한 형태로 지속적으로 재생산하며, 파괴될 경우 변화를 거쳐 동일한 장소에 동일한 명칭으로 다시 태어나는 자족적 공동체들에서의 생산조직의 단순성——이 단순성은 아시아적 **사회들의 불변성**이 지닌

---

2) 같은 책, 336~39면 여러 곳에서.
3) 같은 책, 338면.
4) "History of the Opium Trade" (The Times, 27 September 1850) in K. Marx and F. Engels, *Collected Works*, vol. 16 (New York: International Publishers 1981), 16면.

비밀을 푸는 열쇠를 제공한다. 이 불변성은 아시아적 **국가들**의 지속적 해체와 재건립, 그리고 그칠 줄 모르는 왕조의 변천과는 놀라울 정도로 대조를 이룬다. 사회의 경제적 요소들의 구조는 정치의 하늘을 덮은 태풍 구름의 영향을 받지 않는다.[5] (강조는 원문에 따름)

부르즈와지는 최초의 진정한 역사적 계급이었을 뿐만 아니라, 세계사를 창조하는 가운데 이처럼 변함없고 또 '변화 불가능한' 사회들을 역사 속으로 끌어넣는 역사적 기능을 수행했던 셈이다. 이러한 사회들이 주체로서가 아니라 자본주의가 지닌 변형력(transformative powers)의 객체로서 역사 속에 들어왔다는 것은 두말할 나위 없을 것이다.

『공산당선언』에 나오는 널리 알려진 구절을 내가 길게 인용한 것은 그 구절의 수사법이 내 논지에 적실하기 때문이다. 로버트 터커(Robert Tucker)는 『공산당선언』을 "맑스주의 역사이론의 축약"[6]이라고 표현한 바 있다. 달리 말하면 부르즈와지의 상승 및 그것이 세계에 가한 충격에 관한 맑스의 설명은 묘사적인 것이지만, 그 묘사는 이론의 일부가 되고, 나아가 이론적 추상화의 중개과정을 거쳐 법칙적 성격을 띠게 되는 것이다. 그 구절의 수사법은 맑스가 자본주의의 상승에 부여했던 규범적 의의를 가리켜 보인다. 달리 말해 이 진술들은 다음과 같이 분해될 수 있을 것이다. ① 자본주의 생산양식은 역사적으로 특수한 현상으로 출현해서, ② 그 힘을 통해 사회를 동질화하고 또 그렇게 함으로써 (역사적 특수성을 강조하는 경우에는 불가능할) 일반법칙들의 도출을 가능케 하며, ③ 여타 사회들을 자본주의 생산양식 속으로 끌어넣음으로써 이 법칙들을 보편화한다. 그렇게 되면 ④ 자본주의 생산양식의 시간성

---

5) K. Marx, *Capital*, vol. I. *Karl Marx: Selected Writings in Sociology and Social Philosophy*, trans. and ed. by T. B. Bottomore (New York: McGraw-Hill Book Co. 1956), 112면에 인용됨.
6) *The Marx-Engels Reader*, 331면.

은 역사에 포함되는가 여부의 판단기준이 되고, 이 시간성에 통합되지 않는 모든 과거들 또는 생산양식들은 과거의 잔재로 치부되거나 주변화되며, ⑤ 이 과정 전체에는 적극적 가치가 부여되는바, 이는 문명 대 야만, 민족적 일면성 또는 지역적 편협성 대 세계의식, 농촌적 삶의 우매성 또는 가족생활의 감상성 등의 수사에서 분명히 드러난다.

물론 맑스와 엥겔스가『공산당선언』을 쓴 것은 부르즈와지가 프롤레타리아에 의해 최후를 맞이할 날이 임박했음을 선포하기 위해서였다.『공산당선언』은 또한 부르즈와지의 야만성뿐만 아니라 자본주의 생산양식하에서 대다수 인민의 삶이 피폐해지는 것에 대해서도 빈번히 언급하고 있다. 비유럽민족들에 관한 한 자본주의를 두 팔 벌려 환영한 것이 아니라, 그 반대로 멸종의 위협 아래 강제당했다고 맑스와 엥겔스가 믿었다는 것도 분명하다.

여기서 문제시되는 점은 맑스가 자본주의를 옹호했다는 것이 아니라 그의 자본주의 비판이 (그리고 그 종말에 대한 기대가) 자본주의에 의한 전지구의 공간적·시간적 재구조화를 전제했다는 사실이다. 이같은 전제는 자본주의 생산양식의 공간성과 시간성이 역사적 유물론의 구조화 원리가 되게 했다. 가장 명백한 수준에서 보면, 사회주의를 확립해야 할 바로 그 계급인 프롤레타리아가 자본주의 생산양식의 산물이므로, 사회주의는 공간적·시간적으로 자본주의의 목적론을 전제하는 셈이다. 그런가 하면 자본주의는 인류해방의 도정에서 첫번째와 마찬가지로 중요한 두번째 구실을 수행했다. 곧 자본주의는 그 해방의 대가로 사회 및 사회를 결속하던 믿음들을 심층에서 분해하긴 했지만, 인간을 그 자신의 온갖 환상에서 해방했던 것이다. "견고한 모든 것들이 녹아 사라져버리고, 신성한 모든 것은 더럽혀지며, 인간은 마침내 실제 생활조건들 및 자기 동류와의 관계를 맨정신으로 대하지 않을 수 없게 된다."[7]

---

7) 같은 책, 338면.

비유럽사회들과의 연관에서 보면, 해방의 선행조건으로서의 자본주의는 유럽적 맥락에서는 또렷이 드러나지 않은 한 가지를 함축한다. 맑스가 (또는 이후의 맑스주의자들이) 유럽중심적 성향을 지녔는가의 여부와는 상관없이, 특정한 역사적 현상을 해방의 보편적 선행조건으로 삼음으로써 역사적 유물론은 그 구조 자체에서 유럽중심주의를 전제했다. 맑스가 유럽의 자본주의 생산양식과 전자본주의 과거 사이에 분명한 선을 긋긴 했지만, 그럼에도 불구하고 후자는 자본주의를 품어서 틀 지운 '자궁'이었으며, 자본주의의 '전사'(pehistory)로서 역사에 대한 권리주장을 자본주의와 공유했다. 그렇지만 자본주의를 외부세력으로 대면해야 했던 비유럽사회들의 처지에서 역사에 대한 자본주의의 권리주장은, 그 비유럽사회들이 아무런 역사를 갖지 못했고, 따라서 자본주의 세계에 내놓을 주체적 정체성도 지니지 못했음을 암시했다. 유럽의 역사성을 확언하는 한편 왜 아시아가 역사를 갖지 못했는가를 '설명한' '아시아적 생산양식'의 의미는 이같은 메타역사적 원근법에서 나오는 것이다. 자본주의 생산양식이 (오로지 강요에 의해서라고는 하지만) 보편화됨에 따라 유럽은 역사를 아시아로 전파할 것이었고, 그 과정에서, 역사 속에 들어가기 위해 아시아인들은 '부르즈와지'의 이미지에 맞춰 자신을 개조해야 할 처지였다. 그리고 적어도 맑스의 시대에는 부르즈와지란 오로지 유럽의 부르즈와지만을 뜻할 수밖에 없었다. 비유럽인들에게 자본주의의 목적론은 또한 근대 유럽의 목적론을 의미할 수밖에 없었지만, 유럽의 부르즈와가 보기에 그러했던 만큼이나 맑스가 보기에도 그것은 선한 것이었다.

중국 맑스주의에서 흥미로운 것은 역사적 유물론에 내포된 공간적·시간적 전제들을 문제로 부각시킨다는 점이다. 이 논의에서 기본적인 쟁점은 비유럽민족들 사이에 자본주의에 대한 저항의 가능성이 존재하는가, 그리고 그같은 저항이 자본주의 생산양식의 시·공간에 관한 개념화에 대안이 되는——그리하여 우리가 미래에 관해 다른 방식으로 생각하는 데 도움이 될 만한——개념화를 함축하는가, 나아가 내가 앞에서 주장했듯, 그같은 개념화가 맑스주의의 이론적 구조 안에서 가능한가의 여부이다. 19세기 중엽 맑스의 저술에서 1930년대 중국 맑스주의로 건너뛴다고 해서 그사이에 이 논의와 관련한 어떠한 중요한 일도 생기지 않았다는 뜻은 아니다. 19세기 후반에 자본주의는 (내가 뒤에서 다루게 될) 새로운 국면에 돌입했는데, 이 시기는 식민주의 전성기와 일치하며, 이같은 식민주의가 세계 곳곳에서 반식민 저항을 촉발했다는 것은 이미 주장한 대로이다. 이러한 저항운동은 세계 곳곳의 비유럽민족들을 자본주의에 맞선 투쟁으로 내몰았거니와, 이런 상황이 맑스주의 이론 내부에서는 (중국 맑스주의의 직접적 원천인) 혁명의 문제에 관한 레닌의 재정식화를 통해 표현되었다. 테오도어 섀닌(Theodore Shanin)의 주장에 따르면, 생애 말엽에 맑스 자신도 전자본주의적 사회형태들에서 (1차적으로 러시아에서) 자본주의에 대한 저항의 원천뿐만 아니라 미래의 사회조직을 위한 가능한 모델을 보았다고 한다.[8]

하지만 이러한 전개양상들이 역사적 유물론의 기반인 공간성과 시간성의 가정에 중대한 충격을 가했는지는 의문이다. 레닌이 보기에 반식민지 저항운동은 전지구적 자본주의에서 하나의 "약한 고리"를 뜻했으며, 그 고리를 끊는 궁극적 목표는 세계를 정치적 또는 경제적으로 다시금 분화시키는 것이 아니라 유럽 내의 혁명 가능성을 되살리는 것이었다. 1919년에 창립된 코민테른은 누가 뭐라 해도, 여러 저항운동에 조직적 통일성(동질성?)을 부여하고 따라서 그같은 분화를 사전에 방지하려고 했다. 섀닌의 주장처럼 맑스가 러시아의 미르(mir)에 대해 말하고자 한 바가 세계에 관한 사유방식으로서의 역사적 유물론에 그 어떤 중대한 충격을 가했다고 보기는 어렵다. 어쨌든 맑스주의는 본래의 공

---

8) Theodore Shanin, *Late Marx and the Russian Road; Marx and "the Peripheries of Capitalism": A Case Presented by Theodor Shanin* (New York: Monthly Review press 1983).

간적·시간적 전제들을 유지했다.

중국 맑스주의도 종국에는 바로 이러한 전제들을 옹호하게 될 터였다. 여기서 나는 중국 맑스주의가 세계에 관한 맑스주의의 본래 가정들을 변화시켰다고 주장하는 것은 아니다. 오히려 그같은 가정들이 오늘날까지 중국공산당을 이끌고 있다. 하지만 중국혁명의 특수성은 맑스주의의 공간성 및 시간성과 관련된 몇몇 문제들을 표면화하면서, 그것들에 기반한 세계인식에 내재하는 기본적 문제점들을 또렷이 드러냈다. 내가 여기서 약술하려 하는 것은 이같은 문제점들이다. 나는 결론삼아 (사회형태로서 미르가 제공하는 가능성에 관한 맑스 자신의 언명과 마찬가지로) 왜 그 문제점들이 오늘날 중대할 수 있는가에 관한 논의로 되돌아갈 작정이다.

중국 맑스주의의 두 측면이 이 대목에서 특히 적실하다. 그 하나는 맑스주의적 역사서술 또는 맑스주의적 관점에서 중국 역사를 재기술하는 일이고, 다른 하나는 내가 ‘중국적 맑스주의’(Chinese Marxism)라고 표현하는 것으로 보편이론으로서의 맑스주의가 지역화된 것인데, 이것은 중국공산당이 표현한바 “맑스주의의 중국화”(making Marxism Chinese)[9] 과정에서 1930년대 말과 40년대 동안 명료화되었다. 이들 두 측면은 중국혁명 기간 동안 발생한 문제들에 긴밀히 연관되어 있지만, 그들이 중국 내 맑스주의이론에 부여했던 방향이 궁극적으로 일치함에도 불구하고 몇몇 근본적인 부분에서 상호모순된다.

---

9) ‘맑스주의의 중국화’(sinification of Marxism)라는 좀더 일반적인 용어 대신 내가 이 용어를 사용하는 까닭은, ‘맑스주의의 중국화’가 맑스주의를 중국적 문화영역으로 흡수한다는 의미를 함축하기 때문이다. 이는 내가 다른 글에서 상론했던 것처럼, 마오쩌뚱이 염두에 두었던바, 맑스주의이론을 현대 중국의 물질적·주관적 환경에 접합함으로써 새로운 종류의 맑스주의와 새로운 종류의 ‘중국적인 것’(Chineseness)을 창출하는 것과는 다르다. 졸고 "The Predicament of Marxist Revolutionary Consciousness: Mao Zedong, Antonio Gramsci, and the Reformulation of Marxist Revolutionary Theory," *Modern China* 9, no. 2 (April 1983), 105~32면을 보라.

중국 맑스주의의 역사기술은 그것에 역동성을 제공하는 이론과 역사 및 정치의 관계를 기술하는 데 매우 복잡한 양상을 보였으며, 따라서 중국의 과거와 관련해 도달한 상호갈등하는 결론들에서도 복잡한 양상을 나타냈고, 지금도 사정은 마찬가지이다.[10] 그렇지만 중국 맑스주의의 역사기술은 중국의 과거를 형성한 시간과 공간의 문제에 대해서는 일반화를 허용한다. 간단히 말해 중국 맑스주의는 유럽 역사와 관련된 맑스주의적 정식화의 보편성을 받아들여서, 중국 역사를 유럽의 역사전개와 유사한 서사로써 재기술하였다. 유럽의 역사적 범주들이 보편화될 수 있고 또 그리하여 여타 역사들을 재기술하는 데도 동원될 수 있다는 중국인들의 가정은 맑스주의 역사가로부터 비롯된 것은 아니다. 실제로 그와같은 생각의 뿌리는 19세기 말경에 일어난 과거에 대한 최초의 근대론적 (그리고 민족주의적) 재사유로 거슬러올라간다. 하지만 그런 생각은 맑스주의 역사가들에 와서 특히 심한 지경에 이르게 되는데, 그들은 보편적 역사에 관한 가정들을 맑스주의적 정통성 추구와 결합했던 것이다.

중국의 맑스주의 역사가들은 맑스나 유럽의 맑스주의자들과는 달리 중국이 그 나름의 역사를 갖고 있음을 부정하려 들지 않았다. 따라서 그들은 거의 하나같이 '아시아적 생산양식' 개념을 (1930년 이후 쏘비에뜨 역사기술에서 그 개념이 기각되는 것에 도움받아) 거부했으며, 유럽역사와 중국 역사 간의 중대한 차이점들이 제거된 보편적 패턴에 따라 구상된 역사적 서사 속으로 아시아적 생산양식의 문제틀을 끌어들이려고 했다. 말을 바꾸면 그들은 역사발전의 문제를 다음과 같이 바꾸어 표현

---

10) 이어지는 논의는 졸저 *Revolution and History: The Origins of Marxist Historiography in China, 1919~1937* (Berkeley, CA: University of California Press 1978)에 기반한다. 또한 이 논의에 적실한 글로는 졸고 "Marxism and Chinese History: The Globalization of Marxist Historical Discourse and the Problem of Hegemony in Marxism," *Journal of Third World Studies* 4, no. I (Spring 1987), 151~64면을 참조하라.

했던 것이다. 비슷한 경로를 밟아왔고 동일한 역사법칙 아래 놓여 있음에도 불구하고, 왜 유럽은 역사의 완성을 (다시 말해 자본주의를) 실현한 반면 중국은 그러하지 못했는가? 그리하여 역사적 설명의 임무는 중국의 발전을 지체시킨 중국사회 내의 요소들을 식별해내는 일이 되었다. 문제가 이런 식으로 제기되고 보면, 중국이 역사발전의 가능성을 실현하지 못한 까닭을 해명해주고 따라서 중국사회의 후진성을 나타내는 것이, 중국의 과거와 유럽의 과거를 구분짓는 중국사회와 문화 내의 요소들——중국의 정체성에 해당하는 차이점들——이라고 대다수 맑스주의 역사가들이 생각한 것은 놀랄 일이 못된다.

중국 맑스주의자들은 중국 나름의 역사를 부정하는 것의 헤게모니적 함축을 거부하는 동시에, 역사의 보편성을 주장함으로써 유럽중심적 시간성의 헤게모니를 받아들였는데, 그같은 역사의 보편성은 중국이 그런 역사의 가능성을 실현하는 데 실패했음을 **인정해야만** 설득력을 얻을 수 있는 것이었다. 이같은 헤게모니는 자본주의 생산양식을 역사적으로 특수한 지역적 조건을 초월하는 역사적 범주로 취급한다고 해서 가려질 성질의 것이 아니었다. 그런 추상화는 유럽의 역사발전을 이론의 중개를 통해 굴절시킨 결과물로서, 근본적으로 유럽중심적인 공간성과 시간성을 신비화할 뿐이었다. 그 추상화는 (비록 맑스주의 역사가들이 자신의 마음에 들지 않는 해석들에 대해 유럽의 도식을 중국의 과거에 덧씌우려 한다는 비난을 가하는 데는 매우 신속했음에도 불구하고!) 맑스주의이론 자체에 함축된 역사에 관한 곤혹스러운 질문들을 제기할 필요를 제거함으로써, 맑스주의이론을 중국 역사에 적용하는 것을 간단히 가능케 했던 것이다. 그 결과들을 상세히 논할 필요는 없을 법하다. 이같은 유럽중심적 시간성에 비추어 판단하면, 중국의 과거에서 유럽과 다른 점은 그냥 다른 것, 따라서 대안적인 역사적 가능성들을 품은 것으로 나타나지 않고 후진적이고 잔여적인 것, 곧 역사에 채워진 족쇄로 나타나게 마련이었다.

  자본주의 생산양식을 역사발전의 완성으로 간주했던 보편적 시간성에 대한 이같은 가정이 지니는 공간적 함축들은 간단한 언급을 요한다. 이같은 함축들은 중국역사를 재기술하는 데 지침이 된 맑스주의의 이론적 가정들의 자동적 결과물로 설명될 수는 없는데, 왜냐하면 중국에서 맑스주의는 정치공간을 재건하려는 민족주의적 염원을 충족시키는 데도 한몫 했기 때문이다. 아무튼 맑스주의의 이론적 개념들이 이러한 염원들에 큰 도움이 된 것만은 분명하다. 우리가 공간을 축자적 의미로 (국가적 정치공간, 국내적 시장 또는 도시와 농촌, 중앙과 지방, 국가와 사회 간의 제반 관계 등과 같은 의미로) 사용하건, 아니면 은유적 의미로 (가족, 계급, 성, 종족, 문화 등의 개념에 함축되는 제반 사회적 공간 등과 같은 의미로) 사용하건 간에, 맑스 자신이 개진한 자본주의하의 사회적 목적론의 기반인 공간의 동질화라는 기준에 따라 판단할 때, 전자본주의적 중국사회의 특징인 다양성과 분화양상은 대안적 공간성을 구성하는 원천이 될 만한 가능성을 지닌 사회적 계기들이라기보다는, 중국의 역사발전에 장애가 된 후진성의 표상 그 자체로 나타났다.

  어떤 경우이건간에 맑스주의 역사기술은 역사발전의 유럽적 서사에 전범을 둔 보편성을 가정함으로써, 중국역사의 특수한 요소보다는 유럽적 서사의 동력을 명료화하는 이론에 우선권을 부여했다. 그 결과, 중국의 중단된 발전은 자본주의 생산양식의 동력들을 중국사회에 도입함으로써만——자본주의적 발전에 의해서건 **또는** 궁극적으로 자본주의를 극복하기 위해 자본주의를 발전시켜야 할 임무가 있는 사회주의에 의해서건 간에——재개될 수 있게 되었다. 자본주의적 근대의 유럽중심적 목적론에 따라 역사를 재기술하는 일은, 이같은 목적론에 장차 대안을 제공할 수 있는 원천으로서 과거를 탐구할 가능성을 배제해버렸다.

  여기서 잠시 논의를 되돌려, 중국 맑스주의 역사기술이 무엇을 하지 않았는가를 좀더 잘 이해하기 위해 그것이 **무엇을 했는가**를 이야기해보겠다. 맑스주의적 관점에서 역사를 보는 것에 적극적 성과가 없지는 않았다. 맑스주의 역사가들은 역사적 유물론과 맑스주의의 이론적 개념들을 중국의 과거를 분석하는 데 끌어들임으로써 중국 역사기술에서 혁명에 버금가는 성과를 올렸다. 새 이론은 중국의 과거와 관련된 이전의 역사기술이 망각했던 문제들을 드러냈다. 유럽 역사(및 여러 여타 역사)와의 비교는, 설사 아무리 편향되었다 하더라도, 사유와 문화의 문제에 관해서는 물론이고 중국사회의 작동방식, 제반 사회관계, 생산과 착취의 양식, 계급과 성의 여러 문제, 제반 정치적 관계 등에 관해 전에 없던 통찰을 가능하게 했다. 나아가 맑스주의 역사가들은 자본주의세계 내에서의 중국의 발전과 관련된 문제들을 깊이있게 검토했거니와, 이는 기본적인 의미에서 맑스주의 역사기술의 출발점이기도 했다. 그들의 논의는 자본주의 세계체제 및 그 체제가 비구미(非歐美)사회들('제3세계')에 대해 갖는 함의를 둘러싸고 향후 전세계적으로 전개될 논의를 상기시키는 바가 많았다. 그들 가운데 적지 않은 사람들은 중국의 과거가 현재에 미치는 해로운 영향을 여전히 지적하면서도, 중국의 '저발전'을 전지구적 자본주의 전개의 귀결로 보았으며, 중국과 자본주의 세계체제 간의 (사미르 아민Samir Amin의 표현을 빌리면) '연결고리 끊기'가 중국이 안고 있는 발전 및 국가적 통합의 문제를 푸는 유일한 해결책이라고 보았다. (중국 맑스주의에 대한 레닌주의적 영향을 생각하면 이는 그다지 놀랄 일이 아니다.)

　따라서 문제는 중국 역사기술에서 역사적 유물론이 비판적 통찰의 원천으로서 핵심적 구실을 했는가의 여부가 아니다. 사실 거기에는 의심의 여지가 없다. 좀더 적실한 문제는, 맑스주의 역사가들이 중국의 과거에서 발견한 내용으로부터 이끌어낸 결론의 한계와 관련된다. 그 결론을 내리는 과정에서 그들은 역사적 유물론의 사회적·역사적 목적론을 선뜻 받아들이는 한편, 사회적 다양성의 증거로부터 차단된 것처럼 보이는 개념들을 통해 과거의 사회적·문화적 현상들을 판에 박듯 규정했던 것이다.

30년대 후반에 정식화된 '중국적 맑스주의'가 역사적 유물론의 공간적·시간적 전제들의 문제점을 부각함으로써 맑스주의 역사기술을 넘어선 것은, 주로 사회적 다양성의 증거, 곧 제임스 윌킨슨 James Wilkinson의 말을 빌리면[11] "구체적인 것과의 대면"이라고 표현할 만한 것과 관련해서였는데, 이는 별로 놀랄 일이 아니다. 맑스주의 역사가들은 대개 혁명적 지식인들이라고는 해도 아무튼 지식인은 지식인이었다. 역사에 관한 그들의 저술이 혁명의 당면 문제들을 해결하려는 필요에 의해 동기가 부여된 것이긴 했지만, 그들은 일상적 혁명활동의 요구로부터는 다소 동떨어져 있었다. '중국적 맑스주의'는 혁명활동의 과정에서 정식화되었으며, 직접적인 혁명 체험의 추상화였다.

내가 여기서 '중국적 맑스주의'라고 표현하는 것은 중국공산당의 연안 시기(1935~47)의 산물로서 중국 내 2차대전 기간에 정확히 상응하며, 공산주의자들이 1927년 이래 내몰렸던 중국 농촌지역의 혁명 체험에서 자라나왔다. '중국적 맑스주의'의 정식화는 마오 및 얼마간 그의 조언자 구실을 맡았던 한 무리 맑스주의 지식인들의 작업이었다. 그 작업은 마오가 1938년 말에 행한 연설에서 "맑스주의를 중국식으로 만들기"(making Marxism Chinese, 혹은 좀더 간단히 말해 "맑스주의의 중국화" sinification of Marxism)로 표현한 내용을 중심으로 이루어졌다. '중국적 맑스주의'에 관한 나의 이해는 다른 글에서 기술한 바 있지만, 지금 논의와 연관되므로 여기서 그 주된 윤곽을 간략히 소개하겠다.[12]

공산주의자들은 '맑스주의의 중국화'를 '맑스주의의 보편적 원리들을

---

11) James Wilkinson, *Intellectual Resistance in Europe*. 근간; Chang-tai Hung, *War and Popular Culture: Symbols, Images and Languages of Resistance in Modern China, 1937~1945*에서 재인용. 후자의 저술은 추상과 사회적 현실의 대립을 예술과 문학의 관점에서 빼어나게 예증한다.

12) 이어지는 논의는 *The Encyclopedia of Asian Philosophy* (Routledge)에 게재될 예정인 졸고 "Mao Zedong and 'Chinese Marxism'"에 기반한다.

중국사회의 구체적 상황에 적용하는 것'으로 일관되게 표현해왔는데, 내가 생각하기에 이것은 '중국적 맑스주의'를 정식화한 사람들이 염두에 두었던 것보다 상당히 적은 함의를 지닌다. 1938년에 이 생각을 꺼낼 당시 마오는 중국의 오랜 역사와 문화를 상기했으며, 중국의 미래를 고려하는 데 이것이 빠져서는 안된다고 주장했다. 그즈음 몇해 동안 공산당 이념가들은 중국적 '실정'[國情]을 맑스주의에 끌어들일 필요가 있다고 자주 언급했다. 1940년대 초가 되면, 마오의 측근 조언자 아이쓰치(艾思奇)는 중국혁명 자체가 바로 그 실천에서 맑스주의의 보편적 원리를 표현한다고 주장하고 있다.

하지만 '중국적 맑스주의'가 맑스주의이론을 중국의 상황에 적용한 데 그치는 것만은 아니다. 그것은 전지구적 맑스주의의 국지화 또는 자국화(自國化)된 형태로서, 보편화된 맑스주의 담론 내에서 자신의 주체 위치를 주장하는 것으로 이해하면 좋겠다. 중국사회는 (마오가 어떤 자리에서 쓴 표현을 빌리면) 맑스주의이론의 화살이 겨누는 표적에 불과한 것이 아니라, 맑스주의 보편화의 능동적 계기의 하나로서, 그 존재와 특성은 단순히 유럽적 이론이 아닌 보편적 이론으로서 맑스주의를 정식화하는 과정에서라면 반드시 인식되어야 한다는 것이었다. '중국적 맑스주의'를 그 전제들로 분해하면 다음과 같이 될 것이다. ① 중국적 맑스주의는 보편적 맑스주의다. 다시 말해 그것은 여타 모든 맑스주의들과 몇몇 기본 전제를 공유한다. ② 중국적 맑스주의는 제3세계적 맑스주의로서, 자본주의에 대한 관계가 유럽이나 소련과는 다른 상황에서 비롯된 맑스주의(정식화된 표현에 따라 달리 말하면, '반식민지·반봉건 사회'의 맑스주의)다. ③ 이 제3세계적 지위와 아울러 중국적 맑스주의는 중국의 역사적·문화적 특성을 인정해야 하는 민족적 맑스주의의 성격을 지니기도 한다. ④ 이같은 맑스주의를 진정으로 자국적이게 하는 것은 중국사회 자체가 획일적인 민족적 문화공간 개념에 포괄되지 않는 여러 국지화된 문화들로 구성되어 있다는 것에 대한 인식이다. 무엇보다도 유격전의 급박한 조건에 의해 공산주의자들에게 강요된 이러한 인식은 언어라는 매우 근본적인 수준에서 표현되었다. 중국사회를 변혁하는 과정에서 공산주의자들은 자신들의 이론적 언어 속에 국지적 수준의 인민들의 각양각색 언어들을 수용하고 또 통합해야만 했던 것이다. 그들이 단일한 맑스주의적 전망에 따라 인민들의 문화를 변화시켜야 했던 것과 꼭 마찬가지로, 그 전망 자체는 또한 인민의 기여 및 그들 나름의 문화적 특성에 의해 변화되어야만 했다.

이리하여 맑스주의의 이론적 공간의 분화가 일어났고, 이같은 공간들을 재구성함으로써 출현하게 될 미래가——적어도 가까운 미래가—— 맑스주의의 시간적 가정들에 반드시 부합하지 않을 수 있는 가능성이 인식되었다. 더구나 '중국적 맑스주의'는 공간의 분화뿐만 아니라 이러한 분화된 공간들간의 모순적 관계까지도 전제했는데, 이때의 모순에는 대립이라는 명백한 뜻말고도, 각양각색의 대립들에 궁극적으로 일관된 의미를 부여하는 통일성이라는 뜻도 실려 있었다. 중국의 역사적 유산의 산물이면서 동시에 자본주의의 산물이기도 했던 제반 모순들(제1세계 대 제3세계, 전지구적인 것 대 국가적인 것, 국가적인 것 대 지역적인 것, 지역적인 것 대 지역적인 것 등의 모순)은 또한 맑스주의의 이론적 공간 내부의 제반 모순으로도 나타났다. 더구나 이같은 모순들은 이론을 가지고는 그 해결책을 예측할 수 없고 역사적 작동과정을 거쳐야만 하는 것이었기에, 미래에 상당한 불확실성을 부여했다. 1930년대 후반 '중국적 맑스주의'가 명료화된 것이, 모순개념이 중심을 이루는 마오주의적 맑스주의의 해석이 명료화된 것과 시기적으로 일치하는 것은 그다지 놀랄 일이 아니다. 기억해둘 만할 점인데, 마오는 또한 제반 모순들이 가까운 미래, 사회주의사회나 심지어 공산사회에까지도 존속할 것이라고 단정했다. 따라서 그같은 사회들이 어떤 모습일지를 미리 정의할 수 있는 가능성은 배제되는 셈이었다. 그가 철학적으로 진술한 바로는, 오로지 죽음만이 모순들을 끝장낼 터였다.

전지구적 공간이 상이한 규모의 여러 공간으로 분화됨으로써 '중국적 맑스주의'에서는 이론적 분석범주들의 급격한 증식이 일어났다. 그같은 범주들은 그 범주들의 국지화된 현상형태들로 또다시 분해되었는데, 이런 분화는 범주들과 이론적 추상화, 따라서 이론 자체를 거의 철폐해버릴 듯했다. 개념상의 분화가 중국혁명의 유격전 국면에 선행하며 맑스주의의 (경제적 개념화와 대비되는) 정치적 개념화——정치적 계산을 혁명의 문제 속으로 끌어들였던——에 뿌리박고 있었다는 증거가 있긴 하지만, 그같은 개념상의 분화는 유격전의 긴박한 조건과도 또한 관련되어 있었다. (좀더 범박하지만 이와 유사한 방식으로 범주들을 분해하는 경향은 레닌의 몇몇 저술, 특히 농경사회에 관한 저술들에서 나타난다.) 특히 농경사회에서, 공산주의자들은 사회적 갈등이 계급적 이해관계를 둘러싼 갈등으로 환원될 수 없다는 것을 신속히 인식해야만 했다. 그들은 성, 친족관계, 종족적 관계, 그리고 그런 것들의 경계에 위치한 온갖 것들을 포함하는 복잡다기한 사회관계에서 유발되는 제반 갈등들을 인정해야만 했다. 이론적 추상화로써 정치적 정향 및 친연성을 예측할 길이 없었던 까닭에, 동일한 범주조차 그 다양한 현상형태들로 분해해야만 했다. 마오는 이 문제를 1926년에 이미 인식했으며, 이같은 통찰이 불러일으킨 관심은 공산주의자들이 농촌 혁명투쟁의 일부로 수행한 다양한 농촌조사에서 드러난다. 한 가지 예를 든다면, 제반 태도들은 (그 자체가 동일 계급 내의 여러 계서들을 은폐하고 있는) 계급적 이해관계뿐만 아니라 사회적·정치적 위치를 규정하는 여러 사회관계의 망 전체에 의해 형성되므로 계급과 같은 범주는 정치적 정향을 분석하기에는 너무도 범박한 것이었다. 달리 말하면 제반 범주들은 복잡다기한 사회관계, 과거와 현재, 물질적 상황과 무형의 문화적 유산 등의 종합국면에 의해 정치적·사회적 정향이 '중층결정'되었다는 사실을 은폐했다. 이 대목에서도 (축자적인 뜻과 은유적인 뜻 모두에서) 공간적인 분화와 (종합국면적 상황에 의해 야기된) 시간적 불확실성은 '구체적인 것과의

대면'을 통해 이론을 역사화할 것을 요청했다.[13]

　한때 마오의 맑스주의가, (공산주의자가 아닌 사람들을 포함해) 많은 중국인민들에게는 물론이고 외부세계에까지도 '인민주의적' 사회주의 또는 그보다 좀더 민주적인 사회주의라는 이미지로 비쳤던 것은, 내가 여기에서 윤곽을 그린 '중국적 맑스주의'의 이러한 특성들 때문이다. 그리고 그같은 이미지는 마오를 스딸린은 물론이고 레닌이나 맑스와도 구분지었던 특색이기도 하다.[14] 사실 상이한 공간적·역사적 위치에 있다는 이유만으로도 그들간에 진정한 차이가 존재한다는 것은 의심할 여지가 없다. 다른 한편 '중국적 맑스주의'를 통한 이론의 수정이나 '중국식 사회주의' 및 '중국적 특성을 지닌 사회주의' 등에 대한 다양한 주장들을 뭉뚱그려, 맑스주의적 공간성과 시간성 및 나아가 자본주의 생산양식에 구현된 것과는 다른 사회적·역사적 가능성에 관한 인식에 도달했다고 가정하는 것은 내 생각엔 잘못이다.

　'중국적 맑스주의'는 혁명의 과정에서 구체적 현실을 대면하긴 했지만, 중국 맑스주의 역사기술의 기반이 되는 바로 그 사회적·역사적 목적론에 계속 결합되어 있었다. 공산주의자들이 이 생산의 토대, 곧 자본주의의 과학기술을 사회주의의 불가결한 조건으로 계속 간주했던 까닭에, 여전히 중국은 제1세계에서는 자본주의에 의해, 그리고 소련에서는 볼셰비끼들에 의해 창출되었던 생산의 토대를 건설해야만 했다. 중국의

---

13) 개념들을 그같은 방식으로 사용한 빼어난 예는 마오의 *Report from Xunwu*, trans. (with an Introduction and Notes) by Roger R. Thompson (Stanford, CA: Stanford University Press 1990)에서 찾아볼 수 있다. 이 보고서의 여러 함축은 록싼 프라즈니악(Roxann Prazniak)의 이 보고서에 관한 논평에 추출되어 있다. R. Prazniak, "The Art of Folk Revolution," *Peasant Studies* 17, no. 3 (Spring 1990): 195~206면.

14) 모리스 마이스너(Maurice Meisner)는 마오를 인민주의적 맑스주의자로 해석한 학자 가운데 으뜸이었다. 예컨대 그의 "Utopian Socialist Themes in Maoism," *Peasant Rebellion and Communist Revolution in Asia*, ed. by J. W. Lewis (Stanford, CA: Stanford University Press), 207~52면 참조.

공산주의자들은 마오가 지배할 당시——'혁명을 장악하고 생산을 증진하라'가 구호였던——에는 혁명을 구실로 내세우면서, 그리고 마오 사후 시기——'사회주의를 발전시키기 위해 자본주의를 활용하라'가 구호였던——에는 좀더 드러내놓고, 사회주의의 생산력주의적 개념화에 계속 매달려 있었다. 사회변화의 목적은 발전이라는 대의에 복무하는 것이었는데, 이같은 대의는 거듭해서 혁명의 여러 사회적 목표보다 우선시되었으며 그 발전은 자본주의 생산양식에 기초한 것이었다. 이와 유사한 처리방식이 이론적 분석의 범주들에서도 나타났다. 혁명의 급박한 상황으로 인해 이론적 범주들의 복합성 및 구체적 사회현상과 그 범주 간의 괴리가 인식되지 않을 수 없었지만, 중국 공산주의자들의 사유 내에서 이론적 범주들은 계속 목적론적 권능을 행사했다. 만약 그 범주들이 사회적 현실로서 존재하지 않는다면, 존재하게끔 만들어야 했다. 개방된 범주는 미래를 폭넓게 열어놓는데, 이것은 역사적 목적론을 보전하고 있는 이론의 공간적·시간적 요구에 걸맞지 않는 것이었다. 역사의 숙명을 자처한 당조직의 존재가 구체적이게 마련인 정치적 권능을 이론의 목적론에 부여했다는 점도 간과해서는 안된다. 결국 '중국적 맑스주의'는 자신을 창출한 혁명투쟁의 계시에 등을 돌리게 될 터였다.

중국의 체험 전체를 요즘 흔히 그러하듯 맑스주의이론의 귀결로 돌리는 것은, 중국 민족주의와 전지구적 맥락의 역할을 간과하는 일이 될 법하다. 내가 중국혁명의 결과에서 이론이 담당한 역할을 강조한 것은, 한편으로는 이 책에서 내가 주로 맑스주의의 문제틀에 관심을 갖고 있기 때문이고, 또 한편으로는 맑스주의이론이 제 스스로 빚어내지 않은(어쨌든 전적으로 제 스스로 빚어내지만은 않은) 정치적 결과를 명료화하는 데 동원된 경우에조차도 하나의 해방이론으로서 그 역사적 결과에 대해 책임을 져야 하기 때문이다. 하지만 맑스주의는 다른 모든 이데올로기나 이론과 마찬가지로 진공상태에서 존재하는 것이 아니므로 그 역사적 맥락에서 검토되어야 한다. 중국의 경우 민족주의가 적어도 한 가지 중요한 점에서 중대한 구실을 맡게 되어 있었다. 중국 민족주의는 분명히 전지구 공간을 다양한 민족적 공간들로 나누고자 했지만, 내부 공간들을 분할하는 문제와 관련해서는, 자국적(vernacular)인 것은 민족적인 것일뿐더러 진정으로 지역적인 것이어야 한다는 그 어떤 인식에 대해서도 훨씬 덜 너그러웠다. 결국 지역적인 사회적·문화적 변이(變異)가 퇴행적인 것으로 보여진 데는 맑스주의뿐만 아니라 중국 민족주의도 작용했다. 둘째로, 민족주의 문제 자체는 중국 맑스주의이론의 제반 문제들과 마찬가지로 제국주의라는 전지구적 맥락 안에서 고려되어야 한다. 독자성을 누리는 가운데 이전 세대에게 제국주의가 의미했던 바를 잊어도 좋을 만큼 중국인들 자신이 안전감을 느끼고 있는 오늘날에는, 제국주의가 하나의 위협으로서 중국 맑스주의뿐 아니라 중국 민족주의의 진로를 규정했으며, 그런 까닭에 구미식 또는 소련식 발전 예의 가능한 대안을 진지하게 고려할 수 없었던 사정을 이야기하고 싶어 하는 사람들은 많지 않다. 하지만 그 기억은 맑스주의를 역사적으로 평가하는 데 중요하다. 그로 인해 역사적 결과에 대한 이론의 책임이 은폐되도록 해서는 안되겠지만.

 과거의 이 포기된 대안들이 어떻게 하면 오늘날 맑스주의를 사유하는 데 기여할 수 있는가를 고려하기 위해서, 나는 이 넓은 역사적 맥락, 역사적으로 반추해볼 때 나타나는 자본주의와 맑스주의의 변화하는 관계를 살펴볼 것이다.

3

역사 속의 사회주의와 자본주의

내 손은 깨끗한가?

유연생산

내가 입는 옷, 세계 곳곳 사람들의 손길 닿은 것
면 35%, 폴리에스테르 65%, 여행은 시작된다
중앙아메리카
엘살바도르의 목화밭,
피에 젖은 고장, 살충제 절은 노동자들
끓는 태양 아래
일당 2달러에 목화를 딴다

우리는 이어서 다음 단계로 나아가노니
세계 40위 무역기업 카길,
면화 싣고 파나마 운하 거쳐
동해안 타고 올라, 유나이티드 스테이츠 하고도
아메리카에 비로소 당도한다

싸우스 캐럴라이너
벌링턴 공장에서
듀퐁의 뉴저지 석유화학공장 출신
폴리에스테르 섬유가 합류한다

듀퐁 출신 폴리에스테르는 남아메리카
베네주엘라에서 출발한다.
그곳 땅속,
채유노동자들 일당 6달러에 석유를 퍼 나른다
그런 뒤, 세계 최대 석유회사 엑슨은
트리니다드와 토바고에서 제품을 정유해
카리브해와 대서양 다시 지나
듀퐁 공장으로

싸우스 캐럴라이너
벌링턴 공장으로 보내
엘살바도르
피에 젖은 농장 출신 면화와 상봉케 한다

싸우스 캐럴라이너
벌링턴 공장은 붕붕거리며
씨어즈 백화점 위해
석유와 목화로 수마일 천을 짠다
씨어즈는 이 선물을 카리브해로 다시 실어 날라
이번에는 하이티로 향하노니
하이티여 조만간 자유를 누리소서

뽀르또쁘랭스 궁전에서 멀리 떨어진 곳
제3세계 여인들이 씨어즈 주문에 맞춰
힘겹게 삯일을 한다
일당 3달러에 내 언니들 내 블라우스를 만든다
제품이 마지막으로 제3세계를 떠나
다시 바다 거쳐 비닐에 포장된다
나를 위해
이 제3세계 언니
그리고 나는 씨어즈 백화점으로 간다
거기서
나는 산다
내
블라우스를
20% 디스카운트 쎄일 가격에

내 손은 깨끗한가?*

*죤 캐버너(John Cavanagh)의 글 "블라우스의 여행: 전지구적 제조 공정"을 기초로 버니스 레이건(Bernice J. Reagon)이 가사를 쓰고 스윗 허니 인 더 록(Sweet Honey in the Rock)이 노래 부름. Cynthia Enloe, *Bananas, Beaches and Bases: Making Feminist Sense of International Politics* (Berkeley: University of California Press 1990), 158면에서 다시 인용.

3

역사 속의 사회주의와 자본주의

이미 논증했듯이, 역사적으로 보면 맑스주의는 자본주의의 서사를 자신의 내적 구성원리로 내면화했다. 더 나아가 여기에서 나는 사회주의 국가들의 몰락은 맑스주의와 자본주의 생산양식 간의 역사적 관계가 지닌 또다른 중요한 측면을 드러내 보였음을 시사하고자 한다. 맑스주의자들이 자신들의 사회주의와 공산주의에 대한 전망이 미래에 달성되리라고 설득력있게 주장할 수 있었던 동안에는, 공산주의가 종착점인 역사적 서사에서 자본주의는 하나의 국면일 뿐이라는 주장이 가능했다. 자본주의는 맑스가 한때 '전사'(prehistory)라고 표현했던 것의 마지막 국면으로서, 인류는 그에 뒤이어 진정한 역사를 실현하게 되어 있었다. 사회주의국가들의 몰락은 실제는 그와 실로 정반대였다는 결론, 곧 맑스주의의 정치사는 두 가지 의미에서 자본주의 서사의 일부였다는 결론을 강요한다. 첫째, 맑스주의의 역사적 변화는 정치와 이론 양면에서 자본주의 생산양식의 성격 변화와 결부되어왔다. 이렇게 말한다고 해서, 맑스주의와 그것이 고취한 여러 정치운동 및 자본주의에 대한 저항이 단순히 역사의 피동적인 대상에 지나지 않는다는 것은 아니다. 오히려 그같은 저항이 자본주의 내부의 변화를 강제하고 또 그 변화의 방향을 정하는 데 중요한 구실을 했다는 주장도 가능하다. 하지만 모든 사항들을 다 고려한다고 해도, 자본주의가 역사의 진로를 형성하는 데 좀더 역동적인 힘이라는 것은 부정할 수 없으며, 우리가 알아온 사회주의사회들은 자본주의 역사 내의 한 국면에 상응했던 것으로 보인다. 둘째, 마찬가지 이유로, 우리가 알아온 맑스주의가 그 어떤 심각한 의미에서건 자본주의 생산양식을 넘어설 만한 미래를 가리켜 보인다고 주장하는 것이 더이상 설득력을 지니지 않게 되었다.

자본주의도 맑스주의도 지난 한 세기 동안 정적인 상태에 머물지 않았다. 생산양식들간의 경계문제라든가, 하나의 생산양식이 다른 생산양식으로 전화하기 위해서는 얼마나 많은 변화 또는 어떤 종류의 변화가 필요한가 하는 성가신 문제들을 캐고들 것도 없이, 자본주의 생산양식이 존속하기는 하지만 그것은 사회적·정치적 조직화의 면에서, 그리고 심지어는 생산의 조직화 면에서조차 서로 큰 차이를 지닌 국면들을 통과해왔다는 점을 지적하는 것으로 여기서는 충분하겠다. 맑스주의 또한 이에 반응해서 커다란 변화를 겪었다. 자본주의는 현재 또하나의 변화기를 맞고 있는 것으로 보인다. 이에 상응해서 세계에 관한 사유의 방식들에도 변화가 일고 있으며, 그같은 변화는 다양한 유형의 포스트모더니즘이 유행하고 있는 데서 드러난다. 이러한 새로운 세계관들은 자본주의 서사, 따라서 맑스주의 서사의 공간적·시간적 전제에 관해 근본적인 문제를 제기했다. 현대 세계가 너무도 급격한 변화를 겪고 있는 듯 보이기 때문에, (맑스주의건 아니건 간에) 세계에 관한 지난날의 사유방식이 현재 도대체 유효할 수 있는가 하는 의문을 그들은 제기했다. 예컨대 월러스틴은 사회과학의 (단순한 재사유가 아닌) "해체사유"(unthinking)를 요청했다.[1] 공간적·시간적 고려(시공간, TimeSpace)는, 포스트모더니스트 사유 대부분의 경우에 그러하듯(그렇다고 해서 월러스틴이 포스트모더니스트를 자처한다는 뜻은 아니지만), 월러스틴

---

1) Immanual Wallerstein, *Unthinking Social Science: The Limits of Nineteenth Century Paradigms* (London: Polity Press 1991)(성백용 역, 『사회과학으로부터의 탈피』, 창작과비평사 1994).

의 요청에 결정적이다. 나는 현대 맑스주의를 좀더 상론하는 과정에서 이같은 변화들을 간략히 검토할 작정이다.

정치경제학자들은 일반적으로 산업자본주의 시대를 다음과 같은 세 국면으로 구분한다. ① 18세기 후반에서 19세기까지. 경공업과 시장경제의 출현 및 자본주의의 유럽 바깥으로의 초기적 확산이 특징. ② 19세기 후반에서 2차대전으로 이어지는 시기. 중공업과 생산의 대기업적 조직화가 나타나고, 경제조절의 주체이자 사회갈등 관리자로서의 국가가 출현하며, 유럽 외의 세계에서는 식민지배가 이루어짐. ③ 2차대전 이후의 시기. 커뮤니케이션 혁명, 생산의 초국적화, 경제활동의 거점으로서의 초국적기업의 등장, 국민국가의 기능이 국내 갈등의 관리자에서 전지구적 경제의 관리자로 변화. 이 마지막 국면을 에르네스트 만델(Ernest Mandel)은 "후기자본주의"라고 불렀고, 또 다른 사람들은 "유연생산" "전지구적 자본주의" 등으로 불렀는데, 이는 새로운 경제 '체제'(regime)하에서 비단 상품이나 금융거래뿐만 아니라 생산과정 자체가 유례없는 유동성을 보이게 된 것에 주목하는 표현이었다.[2]

자본주의의 대안으로서 사회주의가 출현한 것이나 사회주의사회들이 정치적으로 확립된 것이 자본주의의 둘째 국면과 일치하는 반면, 유연

---

2) 이 대목의 논의에서 '유연생산' 및 그것이 세계경제에 대해 갖는 함축에 관한 내 생각은 다음 저술들에서 도움을 받았다. F. Frobel, J. Heinrichs and O. Kreye, *The New International Division of Labor* (Cambridge, G. B.: Cambridge University Press 1980); David Harvey, *The Condition of Post-Modernity* (Cambridge, MA: Basil Blackwell 1989); Fredric Jameson, "Post-Modernism: The Cultural Logic of Late Capitalism," *New Left Review* 146 (July/August 1984), 53~92면; Ernest Mandel, *Late Capitalism* (London and New York: Verso Books 1987); Claus Offe, *Disorganized Capitalism* (Cambridge, MA: The MIT Press 1985); Michael J. Piore and C. F. Sabel, *The Second Industrial Divide: Possibilities for Prosperity* (New York: Basic Books 1984); Robert B. Reich, *The Work of Nations* (New York: Alfred A. Knopf 1991); Robert J. S. Ross and Kent C. Trachte, *Global Capitalism: The New Leviathan* (Albany, N. Y.: State University of New York Press 1990); Leslie Sklair, *The Sociology of the Global System* (Baltimore: The Johns Hopkins University Press 1991).

생산 국면이 사회주의사회들의 몰락을 불러온 것은 아마도 우연이 아닐 터이다. 우리가 알아온 사회주의사회들은 자본주의의 둘째 국면과 몇몇 근본적 특성을 공유했다. 아니, 그같은 특성들에 의해 그 사회들이 형성되었다고까지 말할 수 있을 것이다. 경제적으로 보면 생산의 집중은 양자에 공통되었다. 세기말 무렵 생산의 집중은 레닌으로 하여금 사회주의의 경제적 토대가 자본주의의 발전에 의해 이미 구축되었다는 생각까지 품도록 했다. 둘째로, 이 시기 동안 경제와 사회에 대한 국가의 관리는 사회주의사회와 자본주의사회 양쪽에서 당연시되었다. 마지막으로, 사회관계의 성격이 사회가 두 주요 계급으로 분리되는 것에 좌우되리라는 가정은, 맑스가 예견했듯, 양자에 공통된 믿음이었다. 19세기 후반 이래로 자본주의사회에서는, 사회가 갈등하는 두 계급으로 양극화하는 것에 대한 두려움이 국가의 사회 개입을 옹호하는 중요한 요인이었다. 사회주의사회에서는 프롤레타리아트가 부르즈와지를 역사적으로 대치하리라는 이데올로기적 가정이 부르즈와지를 쓸어 없애고 만인을 프롤레타리아트로 변화시키는 동질화를 가차없이 추구하는 경향을 낳게 되었다.

자본주의경제들 자체가 독점기업을 핵심에 둔 고도로 조직화된 국민경제의 형태를 취하고 있는 듯 보였던 시점에서는, 현실 사회주의사회들의 주된 관심사였던 자본주의 세계체제와의 '연결고리 끊기'가 상당히 현실성이 있어 보였다. 사회주의는 맑스의 생각과는 달리 자본주의사회로부터 출현한 것이 아니라 그 사회 바깥에서, 곧 자본주의 세계경제의 주변부에서 자본주의 핵심에 대항해서 출현했던 것이다. 그렇기는 해도, 사회주의에는 자본주의의 새로운 국면이라는 자신의 출현 배경이 각인되었다.

여기서 사회주의와 둘째 국면의 자본주의 사이의 유사성을 지적한다고 해서 자본주의와 사회주의가 동일하다는 주장을 펴려는 것은 결코 아니다. 다만 정치적 실재로서의 사회주의는 맑스가 염두에 두었던 것과는 크게 달랐음을 지적하려는 것일 따름이다. 그럼에도 불구하고 사회주의는 자본주의 내부의 변화에 대응해서 변형된 맑스주의의 한 표현 형태였다. 카(E. H. Carr)는, 맑스 당시의 맑스주의가 시장경제 국면 자본주의의 표현(비판으로서의)이라고 한다면, 레닌주의는 독점자본주의 시기의 맑스주의에 해당한다고 언급한 바 있다.[3] 우리는 레닌주의가, 독점적 다국적기업들의 작용을 통해 자본주의 또한 다국적인 것으로 되었던 시기, 곧 주변부 사회들의 저항이 적어도 부르즈와지에 대한 프롤레타리아트의 투쟁만큼은 중요해졌던 바로 그 국면의 사회주의로 간주되기도 했음을 덧붙일 수 있겠다. 사회주의사회들이 자본주의의 이같은 국면에서 기원한다는 사실은 이 사회들의 지속적인 구성양상에 그 흔적을 남겼다. 사회주의경제들이 근년에 와서 그처럼 낡은 것으로 보인 까닭은, 자본주의가 2차대전 이후 스스로를 변화시킬 수 있었던 반면, 사회주의는 기본적인 경제적 가정의 면에서 이같은 초기 국면에 속박되어 있었기 때문일 수도 있다.

　비록 정치적 현실은 맑스의 예상과 상반되는 것이었지만, 사회주의사회들은 발전의 맑스주의적 서사의 기본 가정들에 얽매어 있었다. 이같은 가정들은 뒤이어 사회주의국가들의 정치이데올로기에 통합되었는데, 이 정치이데올로기는 실상 자본주의의 발전지상주의를 심지어 더욱 더 물신화했으며, 유럽과 미국에서 자본주의에 의해 성취된 바를 추구하게끔 사회주의를 구속했다. 국가가 그 발전목표들을 달성하기 위해 사회를 착취하는 데서 내보인 무자비함은 가장 탐욕스러운 자본가의 무자비함에 필적했다. 공간적 동질화는 진보의 척도가 되었으며, 그 억압성은 관료주의적 사회규제와 복합되었다. 관료주의적 국가는 역사의 추상적 목적론을 국가 자체의 행정적 전망과 동일시함으로써, 자신의 물

---

3) E. H. Carr, "A Historical Turning Point: Marx, Lenin, Stalin," *Revolutionary Russia*, ed. by Richard Pipes (Cambridge, MA: Harvard University Press 1968), 282~94면.

신화된 유토피아의 가능한 대안들에 대해 자신이 거부했던 부르즈와지보다도 심지어 더 경직된 입장을 보이게 되었다.

우리가 사회주의사회들의 성과를 어떻게 평가하든, 그들이 한 가지 점에서 성공했음은 부인할 수 없다. 곧 그들은 가혹한 축적수단을 통해 생산의 토대를 확립했던 것이다. (인민에게 혜택을 준다는 사회주의의 이름으로 국가권력을 통해 축적이 이루어졌던 까닭에, 이 가혹함은 엄청나게 억압적이었던 것으로 보인다. 하지만 그 사회주의적 축적이 자본주의의 본원적 축적보다 더 가혹했던가——후자가 전자보다 훨씬 긴 역사시기에 걸쳐 있다는 사실에도 불구하고——하는 물음은 그다지 제기되는 법이 없지만 진지한 검토를 요하는 역사적 질문이다.) 그러나 사회주의국가의 국가관리경제는 자본주의사회의 국가관리경제와 (시장경제와 중앙계획경제라는 명백한 조직상의 차이와는 별개로) 두 가지 점에서 차이가 있었다. 첫째, 자본주의의 둘째 국면은 시장경제에 기반한 이전 국면에서 나온 것인데, 이 시장경제 국면은 자본주의사회에 경제·사회적으로 훨씬 더 넓은 하부구조를 마련해주었고, 자본주의적 발전과정을 어떤 의미에서는 역전시킨 사회주의사회들이 상대할 수 없을 정도의 유연성을 부여했다. 둘째, 국민국가가 경제를 장악했던 둘째 국면 동안에도 자본주의경제는 다국적이고 전지구적인 상태에 있었고, 따라서 완벽하게 자족적이지는 않았더라도 내부지향적이기는 했던 사회주의경제와는 다른 동력을 지닐 수 있었다. 되돌아보건대 역동적 성장보다는 통제와 안정에 주력했던 사회주의경제가 자본주의적 경제성장과 대등해지고 또 그것을 능가하겠다는 이데올로기적 목표를 달성하는 데 부적격했다는 것은 매우 분명해 보인다.

전지구적 경제가 일국적 공간을 단위로 조직되어 있는 한은, 간신히 은폐된 이같은 침체는 국가방위와 경제보호라는 근거에서 합리화될 수 있었다. 생산이 초국적화하면서 전지구적 경제가 창출되고 또 그 경제가 겉보기에 활력을 지닌 듯 보여지자 사회주의경제들은 문제성이 노출

되면서 주변화되어갔다. 다른 한편으로 사회주의경제들이 자신들이 이데올로기적으로 촉진하는 발전을 실현하기 위해 자신들의 경계를 전지구적 경제에 개방하면 할수록, 그들은 자본주의의 역동적 변형력에 의해 급속히 안정성을 상실해갔다. 현실 사회주의의 기본적인 문제는 자본주의의 경제적 성과들을 모방하려 했다는 점인데, 그같은 목표는 사회주의를 왜곡했을 뿐만 아니라, 자본주의적 목표를 달성하는 데는 자본주의가 사회주의보다 훨씬 더 좋은 장비를 갖추고 있음이 분명한 까닭에, 그 체제의 정당성마저 침식했다.

사회주의체제의 몰락을 설명하는 데 사회주의경제의 침체에 큰 비중을 두어왔다. 침체 자체는 상대적 개념으로서, 어떤 사회가 단순히 이런저런 연간 성장을 기록하지 못했다는 이유만으로 몰락할 수밖에 없다고 가정하는 것은 자본주의 생산양식의 특징인 변화와 진보의 이데올로기적 전제들을 암암리에 받아들이는 것이다. 사회주의체제의 출현이 자본주의의 변화와 결부되었듯이, 그들의 몰락을 이해하기 위해서도 자본주의 세계경제 내에 그들이 위치한다는 점에 관심을 기울일 필요가 있다. 사회주의사회들은 애초부터 자본주의를 모방했을 뿐만 아니라, 좀더 중요한 사실로서, 지난 30년 동안 교역, 금융 및 과학적·기술적 교류를 통해 자본주의경제들과 점점 더 밀접한 경제관계를 맺어왔다. 그 결과 사회주의사회들은 딴 곳에서 만들어진, 다시 말해 세계경제의 자본주의적 조직화 내에서 만들어진 규칙에 따르는 게임을 해나갈 수밖에 없었다. 일국경제적 자급자족이 사회적·정치적으로 바람직한가라는 문제를 잠시 논외로 한다면, 1920년대 중국의 맑스주의자들로부터 아민이나 월러스틴에 이르는 사회주의자들이 자본주의 세계체제와의 '연결고리 끊기'가 자율적인 국민경제 발전에 있어 중요하다고 오랫동안 주장해왔다는 사실을 주목해볼 만하다.[4] 자율적 발전을 성취하려는 시도야

---

4) Samir Amin, *Delinking: Towards a Polycentric World* (London and New Jersey: ZED

말로 사회주의의 **모든 것**이었다고 덧붙여도 좋을 법한데, 이것이 그다지 놀랄 일도 아닌 것은, 모든 현실 사회주의사회의 사회주의에 관한 개념화가 제국주의와 민족해방에 관한 레닌의 분석들로까지 거슬러올라갈 수 있기 때문이다.

여기서 주목하려는 바는 사회주의사회들의 침체가 전지구적 자본주의의 역동성과의 대조를 통해서만 주목의 대상이 되고 또 감내하기 어려운 것이 된다는 점이다. 그러한 대조는 자본주의적 목표를 달성하는데 사회주의가 자본주의보다 더 낫다는 주장의 공허함을 부각시켰다. 하지만 문제는 단순히 사회주의와 자본주의 간의 관계라는 차원보다 더 복합적이었다. 역사적으로 이러한 사회들에서 사회주의는 국가주의와 구분할 수 없게 되었고, 국가주의적 권력욕의 도구로 변질되었다. 이같은 일체화는 문제를 악화시켰으니, 그로 인해 일국적 경제발전에 대한 관심을 사회주의적 관점에서 독자적으로 비판할 수 있는 가능성이 사전에 배제되었으며, 사회주의적 국민경제가 여타 국민경제들보다 뒤처짐에 따라, 사회주의는 점점 더 국민적 좌절감의 대상으로서 경제침체의 원흉으로 간주되어갔다. 이같은 사회들에서는 공산당이 사회주의를 당권력과 동일시하면서 대안적 사회주의 개념을 정식화하려는 어떠한 노력도 저지했던바, 이 또한 별 도움이 되지 못했다.

문제는 단순히 이데올로기적인 것만이 아니었다. 대체로 자급자족경제의 요구를 충족하기 위해 계획된 사회조직의 기초를 놓고 볼 때, 자본주의경제들과 경제관계를 강화하는 것은, 마리 라비뉴(Marie Lavigne)가 동유럽의 경우를 두고 "탈조직화 효과"라고 표현한 현상을 야기했다.[5] 세계체제의 주변부에서 기능하는 동안 사회주의사회의 조직구조

Books 1990); S. Amin, G. Arrighi, A. G. Frank and I. Wallerstein, eds., *Dynamics of Global Crisis* (New York: Monthly Review Press 1982).

5) Marie Lavigne, *International Political Economy and Socialism*, trans. by David Lambert (Cambridge, G. B.: Cambridge University Press 1991), 354면.

는 점점 더 일관성을 잃어갔고, 그 구조는 자본주의 세계경제와의 완전한 통합에 장애가 되었다. 그리하여 사회주의는 일관성있는 정책들을 내부적으로 정식화하는 능력을 스스로 잃어갔던 것이다. 말을 바꾸어보면, 침체가 존재했지만, 그 침체는 사회주의경제들의 자본주의 세계경제에 대한 관계라는 맥락에서 가장 잘 이해된다. 마찬가지로 사회주의경제가 불완전하게나마 세계경제에 바로 이처럼 연루됨으로 인해, 그같은 침체를 참아내지 못하는 사회적 이해관계와 경향들이 발생하게 된 것이다. 여기서 나는, 사회주의사회와 자본주의사회 간에 생활양식이나 자유, 소비 등의 면에서 존재하는 (자본주의사회의 긍정적인 측면을 부각시키게 마련인) 차이에 관한 인식이 상호접촉의 증가에 따라 점증했다는 점뿐만 아니라, (외교관에서 전문직업인, 그리고 세계경제와 경제적 연계를 갖게 된 집단들 등과 같이) 자급자족경제를 철폐하고 자본주의 세계경제로 통합하는 데 직접적 이해관계가 걸린 사회집단이 형성되었다는 것도 언급하려는 것이다. 그같은 통합을 주도한 움직임이 공산당원들을 비롯한 사회주의사회의 지배엘리뜨집단 구성원들에게서 나왔음은 놀랄 일은 아닌지 몰라도 아이러니컬하기는 하다. 이들은 자본주의사회에서는 많은 사람들이 누리는 듯 보이는 혜택들을 자신들은 사회주의체제 때문에 누리지 못하는 한, 지배엘리뜨 노릇이 얼마만한 가치가 있는 것인지 하는 의구심을 품었음직하다. 지금까지는 그들만이, 한때 그들 스스로 주관하던 사회주의체제의 붕괴에서 이득을 본 유일한 집단일 것 같다.

끝으로 세계체제의 관점에서 보면, 사회주의경제들의 침체가 두드러져 보이는 데 있어 제1세계 자본주의사회들과의 대비보다도 훨씬 더 결정적이었던 것은 제3세계의 출현이었던 것 같다. 라비뉴의 관측에 따르면, 쏘비에뜨 정책입안자들은 1970년대 후반에 이르면 제3세계를 더이상 "조만간 발전의 사회주의적 경로를 선택하도록 되어 있는 하나의 동질적 전체"⁶로 간주하지 않게 된다. 모스끄바에 있는 세계사회주의체제

연구소 소장은 1980년에 다음과 같이 썼다. "사회주의세계와 개발도상국들 간의 관계가 사회주의적 연대의 원리에 기반하고 있다고 말하는 것은 부정확할 것이다. 그렇지 않다. 우리가 다루고 있는 국가들 중 대다수는 발전의 자본주의적 경로를 선택했다. 그들 가운데 소수만이 발전의 사회주의적 경로를 택했을 뿐이다."[7] 이전의 '저발전' 지역에서 80년대에 신흥공업국들(Newly Industrializing Countries)이 출현함으로써 이같은 주변화 의식은 심화되었다. 이 나라들은 자본주의 세계경제에 국민경제가 통합되는 것의 효능을 입증했을 뿐 아니라, 기술적인 면과 수출경제의 팽창 측면에서 사회주의사회들을 능가했다. 그들은 사회주의 정책입안자들이 공급하기 원했던 제반 상품들의 전지구적 시장을 장악하기 시작했다.[8] 바꿔 말하면 제3세계가 약진하는 것으로 보이자, 이전의 '제2세계'는 경제적·기술적 성과뿐만 아니라 외채 및 금융 의존도의 증대라는 면에서도 '제3세계'의 지위로 전락하는 것처럼 보였다. 가장 의미심장한 측면으로, 사회주의국가들은 국민경제가 전지구적 시장에서 경쟁력이 거의 없는 취약한 수출부문과 그 수출부문에 거의 연결되지 않은 내수부문으로 양분되는 현상을 체험하게 되었다. 이에 관해 라비뉴는 동유럽 사회주의 붕괴 직전에 다음과 같이 지적한 바 있다.

　　세계사회주의경제가 세계자본주의경제의 대안이 될 수는 없다. 그 결과

---

6) 같은 책, 65면.

7) 같은 곳에서 재인용.

8) Kazimierz Z. Poznanski, *Technology, Competition, and the Soviet Bloc in the World Market* (Berkeley, CA: Institute of International Studies Research Series no. 70, 1987), 90~122, 206~10면. 역대 소련의 정책입안자들이 이해한바 소련의 대외관계에서 과학기술의 문제는 Bruce Parrott, *Politics and Technology in the Soviet Union* (Cambridge, MA: The MIT Press 1983)에 상론되어 있다. 70년대 이후 소련의 사고방식에 일어난 심대한 변화들은 Erik P. Hoffman and Robbin F. Laird, *Technocratic Socialism: The Soviet Union in the Advanced Industrial Era* (Durham, NC: Duke University Press 1985)에서 논의되고 있다.

유엔의 표준적 삼분법에 따른 선진 시장경제, 개발도상 시장경제 그리고 중앙계획경제식의 분류는 더이상 유효하지 않다.…남-북관계 패턴의 복사판으로 서구에서 오인되었던 동-남관계는 특수한 형태의 '남-남'관계로 점점 더 변해가고 있다. 이것은 또한 동-서관계가 남-북관계 패턴을 따라가고 있음을 뜻하며, 이같은 구도에서는 유럽의 사회주의국가들이 비효율적인 신흥공업경제(Newly Industrializing Economies)의 처지에 놓인다.[9]

자본주의세계의 지도자들은 사회주의에 대한 자본주의의 (또는 흔히 듣기 좋은 표현으로 말하듯, 민주주의의) 승리를 운위할 때 이같은 승리가 계획된 승리라고 넌지시 내비치는데, 이에 대해서는 약간의 증거도 있다. 그것이 어떤 계획이었는지는 (초국적기업의 활동을 통한 세계경제의 연결을 용이하게 만들기 위해 세계은행이나 그밖의 유사한 제도를 통해 수출주도 경제를 창출했을 가능성을 제외하면) 분명하지 않지만, 제3세계를 제1세계에 좀더 가까이 묶기 위해 전지구적 경제를 의식적으로 조종한 증거는 약간 존재한다. 제3세계에서 사회주의혁명이 일어날 가능성을 차단하고, 그에 따라 사회주의국가들을 경제와 정치 양면에서 주변화하는 한편, 자본주의 세계경제에 **그 국가들을** 강제로 끌어들이려는 계획이 있었을 법도 하다. 『타임』지의 편집인이자 삼각론자(Trilateralist)인 휴 씨드니(Hugh Sidney)는 1980년에 로널드 레이건(Ronald Reagan)의 대통령 선거전에서의 승리를 축하하면서 다음과 같이 썼다.

상당히 오래 전부터 국무부의 재기발랄한 젊은 관리들은 다국적 자유시장의 잠재력을 익히 알고 있었다. 그들은 이 통상의 시대의 대부격인 미국이 다국적기업들을 육성하고 제3세계와 그 자원을 끌어들일뿐더러 공산주의국가마저도 참여하도록 유인하는 데 가능한 모든 수단을 강구해야 한다

---

9) M. Lavigne, 앞의 책, 361면.

는 주장을 폈다. 구상은 간단했다. 원자재를 확보하고 상품을 생산하며 생
산품을 분배하는 과정에 많은 국가들이 상호결합되게 하라. 그렇게 되면,
그러한 일은 하고 그 일로써 성공하는 사람들이 나라 각각에서 강력한 영
향력을 지닌 집단을 형성하게 될 것이고, 그들은 정치적 인자들의 체제 와
해 시도에 맞서 ('공산주의국가들'의 경우, 기존 체제를 와해하기 위해——
지은이) 싸울 것이다.[10]

혁명적 또는 사회주의적 국가들을 군사적으로 봉쇄하기보다 자본주
의의 궤도 안으로 끌어들이려는 정책은 2차대전의 직접적인 여파로 미
국을 지배했던 외교정책 전략이 바뀌었음을 뜻했다. 언제 어디서 이 새
로운 정책방향이 나타난 것인지는 분명하지 않다. 이 방향은 삼각위원
회(Trilateral Commission)가 1963년에 구성될 당시 구상한 세계 판도
에서 엿보였고, 제3세계 혁명을 무력으로 누르려는 시도가 무망함을 보
여준 베트남 붕괴로부터 아마도 힘을 더했을 것이다.[11] 그것의 목표는
레이건-새처의 자본주의세계 영도 아래 80년대에 최종적으로 달성되
었다.

그렇지만 의식적인 조종과 음모에 지나치게 초점을 둔 나머지 이 승
리의 체제적 조건——2차대전 이후 수년간 진행된 전지구적 자본주의

---

10) *Time* (8 December 1980) 23면. 이와 유사한 정서들이 미국외무위원회(US
Committee on Foreign Affairs)의 한 보고서, *Winning the Cold War: The U. S.
Ideological Offensive* (1964)에 다음과 같이 표현되어 있다. "대외문제에서 어떤 목표
는 외국정부보다는 그 나라 인민들과 직접 접촉할 경우 더 잘 달성될 수 있다. 통신기
술과 도구를 통해, 다른 나라들의 중요하고 영향력있는 주민부문들에 접근해서 그들
의 사고를 형성하고 그들의 태도에 영향을 미칠 뿐만 아니라, 어떤 정해진 행동들을
하도록 성공적으로 동기를 부여하는 것마저도 오늘날에는 아마 가능할 것이다. 그러
고 나면 이 집단들이 자신들의 정부에 상당한 압력을 행사할 수 있게 된다." L. Sklair,
앞의 책, 136면에서 재인용.
11) 삼각론적 관점에 대해서는 Holly Sklar, ed. *Trilateralism: The Trilateral Commission
and Elite Planning for World Management* (Boston: South End Press 1980)을 참조
하라.

68

의 출현이라는——을 무시한다면 잘못일 것이다. 이같은 상황전개 자체가 정책의 결과물이라는 주장도 가능하겠다. 그러나 그것의 실현에는 선행조건으로서 자본주의의 전지구화를 가능케 할 새로운 과학기술들이 필요했으며, 자본주의의 전지구화는 또한 자본주의 생산양식의 성격을 변화시키기도 했다. 내가 앞에서 펼친 주장, 다시 말해 제3세계가 자본주의 세계경제에 통합된 것이 사회주의사회들과 자본주의사회들 간의 관계변화의 주원인 가운데 하나라는 입장이 어느정도라도 유효하다면, 이 새로운 전지구적 경제는 자본주의의 미래는 물론이고 사회주의국가들의 운명에 관한 모든 논의에서 출발점이 되어야 할 것이다. 사회주의국가들이 7,80년대에 복귀했던 자본주의 세계경제는 칼 맑스의 시대나, 또는 좀더 적절한 비교대상으로, 현실 사회주의사회들의 진로에 방향을 부여한 분석들을 내놓았던 레닌의 시대와 견주면, 크게 달라진 자본주의 세계경제였다. 그러므로 이같은 새로운 세계경제가 맑스주의의 미래를 고찰하는 데서도 출발점이 되어야 마땅하다.

　새로운 전지구적 자본주의의 구조에 근본이 되는 것은 프뢰벨(F. Froebel)을 비롯한 사람들이 "새로운 국제노동분업"이라고 표현한 것이다. 이는 달리 말하면 하청을 통해 (심지어 단일한 상품까지도) 생산과정이 전지구화되는 생산의 초국적화이다.[12] 이 과정이 새로운 것인가에 대해서는 여러 사람들이 의문을 제기했지만, 그 가운데 월러스틴은 "상품연쇄"("통합된 생산과정")는 애초부터 자본주의적 생산의 특성이었다고 주장한다.[13] 그렇다고 하더라도 새로운 과학기술은 생산의 속도와

---

12) 주 2번에 인용된 저술들을 보라. 특별한 예들로는 Jeffrey Henderson, *The Globalisation of High Technology Production* (London: Routledge 1991); James Lardner, "The Sweater Trade," *New Yorker* (11 and 18 January 1988); Gary Gereffi, "Global Sourcing and Regional Divisions of Labor in the Pacific Rim," *What is in a Rim? Critical Perspectives on the Asia-Pacific Idea*, ed. by Arif Dirlik (Boulder, CO: Westview Press 1993).

13) I. Wallerstein, "Development: Lodestar or Illusion?," 앞의 책, 104~24, 109~10면.

아울러 그 공간적 영역을 확장했다. 또한 바로 이러한 과학기술이 자본과 생산에 전례없는 유동성을 부여했고, 그 결과 생산의 장소는 사회적·정치적 간섭을 피하는 한편 노동에 대한 자본의 최대 이득을 추구하기 위해 항상 변화하는 상태에 있는 것으로 보인다. (바로 여기서 '유연생산' 개념이 나온다.) 이같은 이유들로 해서, 대다수 분석가들은 전지구적 자본주의에서 이전의 유사한 활동과 질적으로 다른 측면을 본다. 새로운 노동분업이 조직 및 문화의 면에서 빚어낸 결과는 이같은 질적 차이들을 증언한다.

둘째, 자본주의가 국적상으로 '탈중심화'한다는 점이다. 달리 말하면 특정 국가나 지역을 전지구적 자본주의의 중심으로 지목하는 것이 점점 어려워지고 있다. 새로 부상하는 생산조직이 초기 근대 시기의 북유럽 '한자동맹'(Hanseatic League)과 유사함을 지적한 분석가는 (내가 언급하고자 하는 분석가들은 권력을 행사하는 위치에 있는 사람들인데) 한두 사람이 아니다. (그들 가운데 한 분석가는 새 생산조직을 "첨단과학기술 한자동맹"이라고 표현했다.) 바꾸어 말하면 그 체제는 뚜렷이 규정될 만한 중심이 없이 도시적 구성체들의 연계망들로 이루어지며, 그 구성체들간의 상호연결이 각각의 직접적인 배후지에 대한 관계보다 훨씬 더 강하다.[14]

셋째, 경제활동 공간으로서의 국내시장을 접수하게 된 초국적기업이 이 연계망을 잇는 매개체라는 점이다. 초국적기업은 자본과 상품 및 생산의 전달을 단지 수동적으로 매개하는 것이 아니라, 그 전달의 성격과 방향을 결정한다. 비록 한자동맹과 새로운 생산조직의 출현 간의 유비성이 탈중심화를 암시하지만, 실제로는 생산이 이같은 기업들 이면에

---

14) Riccardo Petrella, "World City-States of the Future," *NPQ* (*New Perspectives Quarterly*) (Fall 1991), 59~64면; "A New Hanseatic League?," *New York Times* (23 February 1992), E3도 보라.

심하게 집중되어 있다. 명료한 표현을 즐겨하는 새로운 경제질서의 한 대변자는 생산에 관련된 주요 결정에서 기업과 시장이 차지하는 몫이 각각 대략 70%와 30%라는 사실을 넌지시 내비쳤다.[15] 개념의 정의상 조직이나 충성 또는 그 양자 모두의 면에서 개별 국가의 경계를 넘어서는 초국적기업에게 권력이 부여되었으므로, 경제질서의 전지구적 조절(및 방비)이 주된 과제가 되는 한편, 국민국가가 내부적으로 경제를 조절할 수 있는 힘은 축소된다. 이러한 사정은 전지구적 조직들이 증식하는 데서뿐만 아니라, 경제의 기능에 정합성을 부여하기 위해 국가외적인(extra-national) 지역적 조직들을 조직하려는 노력들에서도 드러난다.

넷째, 생산의 초국적화는 (자본주의의 역사 내에서) 전지구적으로 전례없는 통일성의 원천이자 전례없는 분화의 원천이기도 하다. 경제적·사회적·문화적인 면에서 세계는 너무도 동질화되어서, 앞에서 인용한 자본주의에 관한 맑스의 언급——그 당시에는 때이른 것이었던——이 마침내 입증되려는 것처럼 보이기도 한다. 그러나 그와 동시에 분화의 과정도 나란히 진행되면서 전지구적으로 자본주의의 중심이 부재하게 되고, 국지적으로는 생산과정이 준국가적(subnational) 영역들 및 지역들로 분화하고 있다. 집중적인 조직활동의 대상이 되고 있는 몇몇만 거론하더라도 유럽경제공동체(European Economic Community), 태평양경제공동체(Pacific Basin Economic Community) 그리고 북미자유무역지대(North American Free Trade Zone) 등과 같은 초국가적 지역 조직들은 이같은 분화현상을 전지구적 수준에서 나타내 보이며, 초국적 자본이 통과하는 길목을 차지하려고 서로 다투는 동일한 국가 내의 여러 지역들은 가장 기본적인 국지적 수준에서 그 분화현상을 나타낸다.

---

15) Kenichi Ohmae, "Beyond Friction to Fact: The Borderless Economy," *NPQ* (Spring 1990), 20~21면.

국민국가들의 형성 자체가 역사적으로 보아 분화현상을 봉쇄하려는 시도를 나타낸다는 주장이 가능하지만, 외부로부터의 공세(초국적조직) 및 내부로부터의 공세(준국가적 경제영역 및 지역) 아래 이같은 새로운 분화현상이 어떻게 봉쇄될 수 있을지는 분명하지 않다.[16]

자본의 초국적화가 불러온 또다른 중요한(아마도 가장 중요한) 귀결은, 자본주의 역사상 처음으로 자본주의 생산양식이 유럽이라는 역사적으로 특수한 기원에서 벗어나 진정하게 전지구적인 추상화의 양상을 띠게 되었다는 사실일 듯하다. 달리 말해서 자본주의의 서사는 더이상 유럽 역사의 서사가 아닌 것이다. 처음으로 비유럽의 자본주의사회들이 자본주의 역사에 그들 나름의 주장을 하게 되었다. 바꾸어 말하면 경제적·정치적 분화현상에 문화적 분화현상, 또는 좋게 말해서 '다문화주의'(multi-culturalism)가 상응하게 되었다. 이 새로운 문화적 전개양상의 가장 극적인 실례는 이른바 유교적 가치에 맞추어 자본주의를 전유하려 했던 동아시아사회들의 지난 10년간의 노력일 것이다. 이것은 유교가 역사적으로 자본주의에 장애가 됐다는 (유럽과 아시아에서) 오랫

---

16) 이 문제에 관한 초기 논의로는 Raymond Vernon, *Sovereignty at Bay: The Multinational Spread of US Enterprises* (New York: Basic Books 1971)를 보라. 최근 몇년 사이 미국의 로버트 리치(Robert B. Reich)와 일본의 오오마에 켄이찌(大前研一)는 경제의 새로운 전지구적 조직화에 따라 국민국가가 퇴장하고 있다는 관점을 가장 가장 또렷이 대변하는 학자들로 떠올랐다. R. B. Reich, 앞의 책; Ohmae, *The Borderless Economy: Power and Strategy in the Interlinked Economy* (New York: Harper Business 1990)를 보라. 『하버드 비즈니스 리뷰』(*Harvard Business Review*)는 이같은 입장의 중요한 토론장이자, 대체로 보아 그 후원자이기도 하다. 국민국가들이 쇠퇴하고 있다는 관점에 도전하는 학자들도 있다. 예컨대 Lester Thurow의 *Head to Head: The Coming Economic Battle Among Japan, Europe and America*에 관한 James Fallow의 서평(*The New York Review of Books* 39, no. 8 [23 April 1992], 12~17면)을 보라. 전자의 입장을 취함에 있어, 이데올로기적 입장이랄 것에 빠질 위험이 있다는 것을 나는 인식하고 있다. 하지만 상이한 이데올로기적 입장들에 근거한 상당한 보강 증거가 존재한다. (주 2번을 보라.) 그리고 이전에는 존재하지 않았거나 훨씬 약하고 무력한 형태로 존재했던 하나의 역동적 힘이 세계체제 내에 작동하고 있다는 이야기는 이데올로기에 관한 거리낌이 없이 할 수 있다.

동안 통하던 확신이 역전된 것이다. (내가 여기서 논증하겠지만) 유럽 중심주의가 종말을 맞이한 듯해 보이는 것은 환상이라는 주장도 가능하겠다는 것이 내 생각이다. 자본주의문화가 현재 취하고 있는 형태는 유럽중심주의를 그 서사구조 내부에 지니고 있다. 이런 까닭에 유럽과 미국이 자본주의 세계경제의 지배권을 상실해가고 있음에도 불구하고, 문화적으로는 유럽적·미국적 가치들이 여전히 전지구적으로 지배적일 수 있는 것이다. 동아시아의 유교 부활 같은 것이 그럴싸해 보이는 까닭은, 그것이 유럽적·미국적 기원을 지닌 자본주의의 가치들에 대안을 제시하기 때문이 아니라, 자국의 문화를 자본주의 서사의 하나로 분절하기 때문이라는 점은 주목할 만하다. 이렇게 말해놓고 나니, 세계문화의 문제가 자본주의의 이전 국면들에 비해 훨씬 더 복잡해졌다는 사실을 또다시 지적해두는 것이 역시 중요하겠다.

공간의 분화와 그것이 유럽중심주의에 미친 결과는 또한 자본주의 시간성의 분화를 함축한다. 다시 말해 유럽중심주의에 도전이 되는 것은 유럽적·미국적 모델들에 공통된 방식과는 다른 방식으로 미래를 그려보는 것이 이제 가능해졌다는 사실이다. 이 대목에서도 현실과 환상을 구별하는 것은 어렵지만, 복잡성만큼은 부정할 수 없다.

마지막으로, 생산이 초국적화함으로써 제1세계, 제2세계, 제3세계와 같은 이전의 구분법에 의문이 제기된다. 제2세계, 즉 사회주의세계는 모든 실질적인 의미에서 과거지사가 되어버렸다. 하지만 새로운 전지구적 형세는 제1세계와 제3세계 간의 구분에도 문제를 제기하게 되었다. 이전 제3세계의 일부는 초국적화의 길을 걸으면서 세계경제의 '발전된' 부문에 속하게 되었다. 마찬가지로 제1세계의 일부는 새로운 전지구적 경제 내에서 주변화된 나머지, 제3세계적 특징으로 간주되곤 하던 것과 생활방식의 면에서 거의 분간되지 않는다. 이전에 전지구를 세 개의 세계로 구분하던 것이 북과 남의 구분으로 점차 바뀌어가는 것도 우연은 아닐 수 있다. 물론 우리는 북과 남에 관한 언급이 단순히 구체적인 지리적 위치만을 가리키는 것이 아니라 은유적 언급도 담고 있다는 사실을 기억해야 마땅하겠다. 즉 북은 초국적자본의 길을 나타내고, 남은 위치와 관계없이 세계의 주변화된 주민집단을 나타내는 것이다.

전지구적 자본주의의 이같은 특성 및 그 개념 자체는 약간의 단서를 달 필요가 있다. 전지구적 자본주의(또는 유연생산)도 여전히 자본주의이다. 이러한 새로운 자본주의 구성체는 어떻게 이윤을 극대화하고, 경쟁에 직면해서 어떻게 시장에 대한 통제력을 확립할 것이며, 어떻게 하면 생산과 시장을 (노동자의 투쟁 같은) 사회적 개입과 (국가의 개입과 같은) 정치적 통제에서 해방시킬 것인가라는 묵은 문제들에 대한 새로운 해결책이라는 의미에서만 새로울 따름인 것이다. 유연생산이 이같은 문제들의 해결책으로서 현재 유효한가 또는 장기적으로 유효할 것인가 하는 점은 많은 논란의 소지를 안고 있다. 유연생산이 불러온 새로운 문제들은 묵은 문제들을 대치했다기보다는 거기에 덧붙여진 폭이다. 새로운 해결책 자체도 전적으로 새로운 것은 아니고, '한자동맹'이 현재 자본주의운동을 이해하는 인식틀로 거론되는 데서도 보듯, 자본의 이전 시기 형세를 상기시키기도 한다.

전지구적 자본주의나 유연생산개념은 당대 현실을 실제적으로 표현하는 것이면서 동시에 자본주의에 관한 상상적 구성물이다. 표현이라는 측면에서 보면 그들은 생산과 조직 및 마케팅의 새로운 양식이라는 의미를 전달한다. 그러나 그 개념들은 창의적 고안의 결과물이기도 하다. 왜냐하면 그 개념들은 작동방식이 고도로 불안정하고 모순적인 경제·사회·정치·문화적 구성체를 표현하기 때문이다. 그렇게 보면 그 개념들은 자본주의에 관한 이상(또는 소망충족적 사고)——아직 달성되지 않은 어떤 것——을 나타내는 하나의 담론을 그것이 마치 이미 세계의 실재양상이 된 것처럼 제시하면서, 실재하는 자본주의를 추동하는 여러 모순들을 은폐한다. 자본의 전지구화는 이같은 담론에 설득력을 부여한다. 왜냐하면 이제 자본은 과거와 달리 전지구적인 기반을 갖게 되었으니까. 하지만 바로 그 전지구화는 묵은 모순들을 새로운 형태로 재창출한다.

이러한 모순은 전지구적 자본과 경제적·정치적 실체로서의 국가 사이의 관계에서 가장 명백하게 드러날 수 있다. 나는 앞에서 새로운 전지구적 자본주의가 국가의 권력을 잠식하고 국민국가의 기능을 변화시킨다는 주장을 편 바 있다. 초국적기업들은 생산과 소비활동 및 조직화를 통해, 전문직 종사자 및 경영자로 이루어진 초국적계급, 하청 및 여타 메커니즘으로 이 계급에 결속된 종속집단, 소비의 전지구적 유형, 그리고 그와 더불어 전지구적 문화 등을 창출했다. 그러나 그와 동시에 자본에 역동성을 부여하는 것은 여전히 시장경쟁에서 우위를 점하고 통제권을 장악하려는 시도들이며, 초국적기업들은 이러한 목표를 달성하기 위해 여전히 국가주의 이데올로기에 거리낌없이 호소한다. 그들의 활동양상과 이데올로기가 아무리 초국적이라 하더라도, 기업들은 어려움에 처하면 '미국적인 것' '일본적인 것' 또는 '중국적인 것' 따위를 선뜻 다시 내세운다. 전지구체제를 매우 열렬히 옹호하는 세력이 (미국·서유럽·일본의 3극체제에 속하는 지역처럼) 경제적으로 강력한 국가들에 근거지를 둔 좀더 강력한 초국적기업들이라는 사실은 아마도 우연이 아닐 것이다. (대만이나 한국에 기반한 기업들처럼) 새로 등장하는 초국적기업들은 국적 및 자신들의 출신 국민국가에 좀더 뚜렷이 결속되어 있다. 좀더 강력한 국가들의 경우에도, 좀더 규모가 작거나 취약한 기업들 또는 (크라이슬러처럼) 곤경에 처한 기업들은 쉽사리 국가라는 카드를 활용한다. 유연생산이 자본의 새로운 국면을 특징짓는다는 사실이 이같은 모순들이 존속한다는 점을 은폐해서는 안되겠다. 좀 달리 표현하면(내가 뒤에서 좀더 자세히 논하는) 이같은 모순들이 존속한다는 것에 대한 인식은, 전지구적 자본주의 또는 유연생산개념이 초국적자본의 담론 내부에서 이데올로기적 헤게모니를 장악하려는 제반 목적에 동원될 수 있는 상황에 맞서서, 그 개념들을 비판적 개념으로 철저히 이해하는 데 매우 중요하다.

무엇보다도 중국의 경우는 다른 사회주의국가보다 자본주의에 성공적으로 적응했고, 나아가 그 결과 여타 사회주의국가들의 몰락 후에도 지금까지 살아남았기 때문에, 다른 어떤 사회주의국가보다도 전지구적 자본주의의 새로운 형세가 사회주의에 대해 지니는 함의를 잘 예시한다. 중국이 1978년 이후 전지구적 자본주의에 통합된 것은 여타 사회주의국가에서와 마찬가지로 '탈조직화 효과'를 유발했고, 그것은 1989년의 심각한 위기에서 극에 달했다. 중국 사회주의국가는 반대세력을 무자비하게 진압하고 사회주의 추구를 재천명함으로써 그 위기를 견디고 살아남았다. 하지만 어떤 종류의 사회주의가 살아남았으며, 얼마나 지속될 수 있을까?

당면한 쟁점은 추상화로서의 사회주의가 아니라 사회주의와 자본주의 간의 역사적 관계이므로, 나는 첫번째 물음에, 현대 중국 사회주의, 이른바 '중국적 특징을 지닌 사회주의'는 유연생산 시기의 사회주의라고 잘라서 답하겠다. 그것의 주된 특질은 다음과 같다. ① 그것은 '계획된 시장경제'로서, 간단히 말해 중앙계획경제의 비효율성을 경감하기 위해 시장 메커니즘을 도입하는 것을 뜻한다. 이전에 동유럽에서 등장했던 '시장사회주의'가 그것의 전례이다. 국내적으로 시장을 도입하는 것은 그러나 국내시장의 전지구적 자본주의로의 편입이라는 좀더 넓은 맥락에서 고찰되어야 하며, 이는 시장 도입이 엄격한 중앙계획경제를 포기하는 것 이상의 의미를 담고 있음을 뜻한다. 그것은 일국적인 경제적 자급자족성의 관점에서 구상된 사회주의를 포기함을 뜻하기도 하는 것이다. ② 따라서 중국 사회주의가 이전 시기에 (소련의 예를 좇아) 제1세계 자본주의적 발전의 (국내적 생산의 토대 건설을 강조하는) 둘째 국면을 모방했음에 반해, 이 새로운 맥락에서는 신흥공업국(NICs)들을 모방하게 되었는데, 공교롭게도 신흥공업국의 가장 성공적인 사례들은 중국과 지리적으로 접경한 지역에서 발견된다. 그러므로 경제발전은 수

출지향적 경제의 발전으로 이해된다. 신흥공업국의 발전에 주된 역할을 한 하청을 통해 중국인들은 이미 세계경제에 결속되어 있다.[17] 또한 중국은 외국기업들에 특혜를 줌으로써 외국투자를 끌어들이려고 노력한다. 신흥공업국의 발전에 중요한 전략적 역할을 맡았던 특별경제구역이 이같은 목적으로 중국에서도 활용되었음은 우연이 아니다. 특별경제구역은 국가의 경제적 주권(및 통어력)이라는 허구를 유지하는 한편 초국적기업의 활동공간을 창출한다는 점에서 의의가 크다. 중국의 발전전략에서 특별경제구역에 부여된 중요성은, 당시 주석이었던 자오쯔양(趙紫陽)이 중국의 전 해안지역을 특별경제구역으로 삼아야 한다고 제안했던 1987년에 극에 달했다. ③ 이러한 발전양식은 지역적 결절점에 기초한 경제환경을 창출하는 것으로 보일 수 있다. 곧 남부에서는 꽝뚱(廣東)(그리고 하이난 海南)이 홍콩과 연결되고, (상하이 上海에서 푸젠福建에 이르는) 중국 동부는 점점 더 대만과 밀접해지며, 북동부는 일본·한국과 밀접해지는 한편 어쩌면 러시아의 동부지방과도 연결될 수 있는 것이다. 이같은 국민경제의 내부적 지방화와 더불어 외부적으로는 중국경제를 초국가적(supranational) 지역경제 기구들에 편입시키려는 노력이 일어났다. 여기에서 제시된 선택은 (지역적 구성체와 관련된 전지구적 불확실성을 반영하듯) 태평양경제협의회(Pacific Basin Economic Council), 동아시아 및 동남아시아 경제지역(East and Southeast Asian economic region), 중국·대만·홍콩·싱가포르를 망라하는 '대중화권'(greater China) 등 다양한 모습을 띠었다. ('대중화권'은 문제성있는 쇼

---

17) Xiangming Chen, "New Spatial Division of Labor and Commodity Chains in the Emerging Greater China Economic Region," PEWS XVI (Political Economy of the World System) Conference, Duke University (16~18 April 1992); Dali Yang, "China Adjusts to the World Economy: The Political Economy of China's Coastal Development Strategy," *Pacific Affairs* 64, no. I (Spring 1991), 42~64면; David Zweig, "Internationalizing China's Countryside: The Political Economy of Exports from Rural Industry," *The China Quarterly* 128 (December 1991), 716~41면.

비니즘적 함축을 지닌 것이 분명한 탓에 최근 들어 격하되었다.)[18] ④ 현대의 다른 국가들과 마찬가지로, 경제발전의 주도권이 하향 이동하고 공공복지를 보장하는 역할을 국가가 점차로 포기함에 따라, 국가적 안정 및 통일성을 보장하는 강제적 기능이 전면에 나타난다. 다른 곳에서와 마찬가지로 중국에서도 경제적 의미에서의 국가(곧 국내시장 또는 국가계획경제)는 한편으로는 초국적화의 압력 아래, 다른 한편으로는 내부적 지역화의 압력 아래 무의미해져버렸다. 그러나 국민국가는 자본과 상품의 자유로운 흐름에 필요한 공간을 확보해주는가 하면, 그와 역으로 분화를 지향하는 경제적 압력을 막아내면서 여전히 중요한 기능을 담당한다. ⑤ 이데올로기 수준에서 이 새로운 상황은 "사회주의의 발전을 위해 자본주의를 이용하기"라는 관념에 표현된다. 그러나 이 그럴싸한 표현에는 좀더 근본적인 변화, 곧 사회주의와 자본주의를 통합하려는 노력이 감추어져 있다. 구체적으로 그 노력은 이전 그 어느 때보다도 노골적으로 사회주의를 자신의 권력 및 경제적 이해관계와 동일시하는 공산당의 감독 아래, 전지구적 자본주의경제에 통합되는 국민경제를 창출하려는 것이다.[19] 그러나 경제적·사회적 분화는 이데올로기 수준에서 이미 표현되고 있으며, 이데올로기적 통일성의 전면적 와해가 그 증거이다. 중국은 경제적·기술적으로는 여전히 '근대화'의 도정에 있는 사회일는지 모르지만, 이데올로기적으로는 이미 '탈근대적'이다. 중국에서는 가장 현대적인 것에서 가장 반동적인 것에 이르는 모든 사상이 지지기반을 지니고 있는 듯하다. 마찬가지 이유로, 미래에 관한 상이한 관념들이 서로 다투면서 현재진행중인 공간적 분화에 상응하는 시간적 분화를 가리켜 보이고 있다.

　이러한 상황에서 문제가 되는 것은 사회주의가 과연 지속될 수 있는

---

18) 「蘇聯政變後中國的現實應對與戰略選擇」, 『中國之春』 (1991. 1), 35~39면.
19) 같은 글, 38~39면.

가 또는 얼마나 오래 지속될 것인가 하는 점이 아니라, 사회주의가 현대 중국에서 도대체 의미를 지니고 있는가 하는 점이다. '시장사회주의'라는 개념을 창안했던 동유럽 사회주의국가들의 몰락은 '시장사회주의'가 미래 없는 사회주의라는 것을 이미 입증했다. 이보다 훨씬 더 중대하다고 주장하고 싶은 것은, 분화의 역학관계에 의해 유연생산 국면의 전지구적 자본주의에 사회주의경제들이 통합된다는 사실이다. 그같은 전지구적 자본주의는 우리가 알아온 사회주의의 전제조건을 이루어왔던 국가적 경제조직을 무의미한 것으로 만든다. 1989년의 반대세력 진압과 사회주의 재천명에도 불구하고, 1989년은 이같은 역학관계에 관한 한 중국에 그다지 많은 변화를 불러오지 않았다. 이른바 중국의 보수파들은 전 해안의 특별경제구역화를 거창하게 주장했던 자오쯔양을 실각시켰다. 하지만 해안지역을 특별경제구역으로 전환하는 작업은 중단 없이 진행되었다.[20] 최근의 전국인민대회는 "사회주의를 발전시키기 위해 자본주의적 방법을" 이용하겠다는 결단을 다시금 재천명했다. 따라서 궁극적인 문제는, 공산당이 스스로 탈바꿈하여, 급속하게 전지구적 자본주의의 일부가 되어가고 있는 경제체제의 감독자가 되는 데 성공할 수 있겠는가 하는 것이다. 중국공산당의 지도력이 중국을 자본주의 세계경제에 통합하는 데 지금까지 성공을 거두었다는 바로 그 사실이야말로, 동유럽 사회주의국가들의 몰락보다 훨씬 더 선명하게, 사회주의 역사의 궤도가 자본주의 생산양식이라는 좀더 큰 서사의 내부에 그어진다는 것을 보여준다.

---

20) Dali Yang, 앞의 글. 최근 전국인민대회(1992년 4~5월)는 이같은 발전양식을 국가가 추구할 것임을 재천명했다. 특별경제구역의 중요성 및 중국이 이 점에서 자본주의의 역사로부터 얼마나 많은 것을 배울 만한가에 관한 논의로는, 方生, 「對外開放和利用資本主義」, 『人民日報』(1991. 2. 23)를 보라. 떵샤오핑(鄧小平)이 중국 남부(꽝뚱)를 방문했을 때 그곳 경제의 번영상에 관하여 언급한 내용이 담긴 다음 글도 보라. 「鄧小平南巡時的講談」, 『中國之春』(1992. 4), 14~15면.

4

유연생산 시대의 맑스주의

근대성의 문화

뽈 리꾀르는 이렇게 쓰고 있다.

보편화 현상은 인류의 진보인 한편 일종의 미묘한 파괴를 낳기도 하는데, (돌이킬 수 없는 병폐가 아닐 수도 있는) 전통적 문화를 파괴할 뿐만 아니라, 내가 잠정적으로 위대한 문화의 창조적 핵이라고 부르고자 하는 것도 파괴한다. 이 핵은 우리가 삶을 해석하는 데 밑바탕이 되는 것으로서, 내가 미리부터 인류의 윤리적·신화적 핵이라고 부르고자 하는 것이다. 갈등은 거기서 생겨난다. 우리는 이 단일한 세계문명이 과거의 위대한 문명을 만들었던 문화적 자원들을 희생시키면서 일종의 마멸 혹은 마모를 야기하기도 한다는 느낌을 갖는다. 이 위협은, 다른 혼란스러운 결과들보다도 내가 막 초등문명(elementary culture)이라고 불렀던 것의 불합리한 변형태인 범용문명(mediocre civilization)이 우리 눈앞에 펼쳐지는 상황에 의해 가장 잘 표현된다. 세계의 어느 구석에서나 우리는 똑같은 저질 영화, 똑같은 슬롯머신, 플라스틱 혹은 알루미늄으로 된 똑같은 조악한 물건들, 선전에 의해 비틀린 똑같은 언어 등을 발견한다. 마치 인류는 기본적인 소비자문화에 집단적으로 접근함으로써 준문화적(subcultural) 수준에서 집단적으로 멈춘 것 같다. 그리하여 우리는 막 저발전상태로부터 벗어나고 있는 나라들이 직면한 결정적 문제에 이른다. 즉 근대화로 향하는 길에 들어서기 위하여 한 나라의 존재근거였던 과거의 문명을 내다버리는 것이 과연 필요한가 하는 문제로.*

*Paul Ricoeur, *History and Truth* (Evanston: Northwestern University Press 1965), 276~77면.

오래된 문제에 대한 설득력있는 진술이다! 그러나 이는 충분하지 못하다. '나라들'과 '저발전'은 어디에서 오는가? 그다지 위대하지 않은 문화들의 '창조적 핵

* Robert Redfield, *The Little Community: Peasant Society and Culture* (Chicago: The University of Chicago Press 1965); Barrington Moore, Jr., "The Society Nobody Wants: A Look Beyond Marxism and Liberalism," *The Critical Spirit: Essays in Honor of Herbert Marcuse*, ed. by Kurt H. Wolff and Barrington Moore, Jr. (Boston: Beacon Press 1968), 401~408면.

들'은 어떠하며, 위계구조와 억압을 합법화하기도 했던 핵심 가치들을 가진 위대한 문명들과 나라들 앞에, 배링턴 무어 2세(Barrington Moore, Jr.)가 "예의바른 사회"라고 불렀던 것의 형상들을 내세울 수 있었을 로버트 레드필드(Robert Redfield)의 "민속사회"들은 어떠한가? *

4

유연생산 시대의 맑스주의

내가 앞에서 개관한, 맑스주의와 자본주의의 역사적 관계를 다시 한 번 요약해보자.

① 19세기에 상응하는 첫째 국면에 맑스는 전세계의 자본주의 세계경제로의 편입을 설정하였다. 그는 이 과정을 파괴적인 동시에 진보적인 발전과정으로 보았는데, 이는 이 과정에서 수세기 동안 잠자고 있던 사회들이 역동적으로 되었기 때문이다. 맑스에게 '세계공간'은 자신의 반경 안에 들어오는 사회를 동질화시키는, 확장중인 유럽 자본주의경제에 의하여 창출된 공간이었다. '세계시간'이 유럽 자본주의의 시간성이었듯이 말이다. 프롤레타리아트(그 의도로 보나 목적으로 보나 유럽의 프롤레타리아트를 말한다)의 부르즈와지 타도에 의해 들어서게 될 사회주의는 자본주의의 보편화를 전제한다.

② 둘째 국면은 19세기 후반부터 2차대전까지이다. 이 국면 동안 자본주의는 실로 전지구적으로 되었지만, 맑스가 생각한 대로 세계를 동질화하는 대신에 두 가지 이유로 인하여 새로운 분할을 낳았다. 첫째, 자본주의의 전지구화는 (일본에서뿐만 아니라) 유럽과 북미의 중심지역들에서 국가간 경쟁을 심화시켰으며 동시에 민족주의를 전세계에 유포하였는데, 이는 자본의 동질화 동력에 대한 저항을 불러일으켰다. 둘째, 유럽의 중심부로부터 자본주의가 뻗어나감으로써 중심지역에서 자

본주의가 더욱 발전할 수 있었지만, 그 발전이 보편화된 것은 아니었고 주변지역에서는 저발전을 창출하는 결과를 낳았다. (다시 말해 주변부 경제를 자본주의 중심부의 부속물로 만들어버렸다). 레닌에 의한 맑스주의의 재정식화의 결정적인 요소는, 주변부 사회들에서 민족의 정치적·문화적 자율성을 획득하기 위해 벌이는 투쟁은 또한 저발전에 대한 저항의 형태를 띠게 마련이라는 인식이었다. 즉 민족해방은 유럽의 지배로부터의 정치적·문화적 해방뿐만 아니라 자본의 헤게모니로부터의 해방을 수반한다는 것이었다. 중심부와 주변부 사이에 경제적 불평등이 존재하는 상황에서 그러한 해방은 국민경제와 자본주의 세계경제 간의 '연결고리를 끊음으로써' 독자적인 발전을 추구하는 형태를 띠게 마련이다.

자본주의의 확장은 세계를 동질화시키지는 않고 오히려 발전과 저발전으로 나뉘는 새로운 두 세계를 창출하였다. 자본주의의 지속적인 발전과 정치적 개량이 중심부 지역에서 사회주의운동을 탈급진화시킨 까닭에, 자본주의의 지배에 대항하는 혁명적 사회주의는 주변부로 옮겨갔으며 거기서 민족해방투쟁과 결합되었다. 1917년 이후 러시아에서 최초의 사회주의국가가 수립됨으로써 세계는 사회이론에서 말하는 '세 개의 세계'로 나뉘었는데, 이러한 구분은 2차대전 이후에 통용되게 되었다. (제2세계에 해당하는 사회주의세계는 '제3세계'로 칭해질 저발전세계보다 역사적으로 나중에 등장함을 기억해야 할 것이다.) 이 시기의 투쟁은 제3세계 민중의 마음과 정신을 얻기 위한 자본주의와 사회주의 간의 투쟁으로서, 2차대전 이후 더욱 첨예해졌다.

세계를 이렇게 셋으로 나누는 것이 이데올로기적인 동질화를 중단시킨 것은 아니었음을 여기서 강조하는 것이 중요하다. 이 시기에 유럽·미국 자본주의에 맞서 벌어진 정치적·문화적·경제적 저항은 매우 절실한 것이었으며, 제3세계의 민족주의는 (중국의 경우처럼) 공간과 시간에 대한 사고에 민족 고유의 문화적 색채를 가미하려고 노력했다. 그러나 동시에 제2세계와 제3세계에 속한 국가들은 공히, 바로 발전이라는 개념(부르즈와적 근대화론의 형태나 사회주의적 형태 모두에 해당되는 것) 속에 내장된 자본주의의 공간적·시간적 전제들을 흡수하였다. 혁명적 민족주의의 한 원천인 사회주의 자체도 국가 발전의 도구로 보였다. 중심부 국가들에서 국지적인 민족적 관심사들과 확장하는 자본주의가 상충하는 것과 유사하게 사회주의국가들과 제3세계국가들에서는 국지적인 민족적 관심사들과 사회주의의 사회적·전지구적 야망이 상충하였다. 그 궁극적 결과로 사회주의의 이름을 띤 민족주의적 발전지상주의는 다름아닌 사회주의의 사회적 지반인 노동자집단을 착취하고 억압하였다.

③ 70년대부터 점차 인식된 셋째 국면은 자본주의의 전지구화가 19세기 중반에 맑스가 한 예언을 확인해주는 듯한 형세——물론 비록 새로운 형태로이긴 하지만 중심-주변의 구도(와 그에 상응하는 발전-저발전 상황)는 여전하다——를 띠었을 때 시작되었다. 자본주의는 실로 보편적이 되었으며, 상품교환과 금융거래의 전지구화뿐만 아니라 가장 중요하게는 '새로운 국제노동분업'을 통한 생산의 초국적화에도 기반을 두고 있었다. 월러스틴 등의 논자들이 주장하였듯이, 생산의 초국적화가 결코 새로운 것은 아니라고 할 수도 있다. '상품연쇄'가 애초부터 자본주의를 특징지어왔기 때문이다. 이는 몇몇 분석가들이 자본주의의 새로운 형세를 한자동맹과 같은 자본주의 초기의 역사와의 유비를 통하여 이해하려고 노력하는 이유일지도 모른다. 그러나 이 유사성을 과도하게 부풀리면 환원주의에 빠지게 될 수도 있다. 새로운 국면과 이전 국면의 차이가 매우 의미심장하기 때문이다. 이전의 자본주의 발전이 유럽을 자본주의 세계경제의 중심부로 등장하도록 하였다면, 현재 일어나는 자본주의의 초국적화는 전세계에 자본주의 발전의 결절점들을 창출함으로써 자본주의를 탈중심화하였고, 유럽과 미국에 의한 세계경제 지배에 종지부를 찍었으며, 자본주의를 처음으로 유럽중심주의로부터 떼어냈

다. 이전의 자본주의 발전이 전지구적인 동질화의 와중에서도 국민경제 단위들을 창출하는 결과를 낳은 반면에(혹은 적어도 국민경제 발전과 결합된 반면에), 새 국면에서는 자본의 전지구화가 국가의 경계를 허물고 국가의 경제적 주권을 훼손하며, 자본주의를 그 발전단위로서의 국가로부터 떼어낸다. 새로운 전지구적 경제의 가장 중요한 단위는 초국적기업이다. 초국적기업에는 자본주의 발전 초기의 거대한 회사들(동인도회사 같은)을 상기시키는 측면도 있지만, 오늘날의 초국적기업들은 그들을 낳은 민족적 토양에 별다른 뿌리를 박지 않고 진정으로 초국적이라는 점을 자랑한다. 국가와 기업의 협동을 대표했던 이전 회사들의 상업적 목표들과는 달리 새로운 초국적기업들은 국가와 사회로부터의 자본의 해방을 대표하며, 그리하여 이 기업들의 활동은 국민국가의 권력을 침식하기도 한다. 초국적주의의 세계경제 지배의 결과이자 조건인 것은 전지구적인 전문직 종사자-경영자 계급이 등장하고 심지어는 전지구적 문화까지 등장했다는 사실이다.

이 새로운 경제적 형세의 대변자들은 이것을 '전지구적 지방주의' 혹은 '전지구적 지역주의'[1]라 칭해왔는데, 이는 세계경제에 동시에 작용하고 있는 동질화와 분화를 두루 포착한 것이다. 생산과 경제활동은 (즉 경제'발전'은) 국가 아래의 지역들에 국지화되는 한편, 그 관리는 초국가적 감시와 조정을 필요로 한다. 달리 말하면 자본의 발전이 택하는 새로운 길은 국경을 가로지르며 국가의 경제주권을 침해하는데, 이러한 과정은 국내시장이나 국민경제 단위 등의 개념을 부적절한 것으로 만들며 국민경제를 분화시킴으로써 국가의 주권을 안으로부터 침식한다. 이와 유사한 방식으로 초국가적 조정의 필요성은 국민국가의 기능들을 바깥으로부터 변형시켜서 국민국가를 더 큰 지역적 혹은 전지구적 단위들

---

1) Kenichi Ohmae, "Beyond Friction to Fact: The Borderless Economy," *NPQ* (*New Perspectives Quarterly*) (Fall 1991); James Gardner, "Global Regionalism," *NPQ* 9, no. 1 (Winter 1992), 58~59면.

속으로 통합시킨다. 자본의 길목에 놓인 지역들은 (혹은 가까스로 그 길목에 자리잡는 지역들은) 사회적·문화적·정치적으로 과거 어느 때보다 더 서로 비슷한 모습으로 발전하며, 나머지 지역들은 경제적·정치적·문화적 주변화가 더욱 심화되는 상태에서 최선을 다하여 혼자 살아나가야 한다.

또한 자본주의의 초국적화는 세 개의 세계라는 구분을 지워버렸다. 제3세계의 지역들이 자본활동의 중심지로 등장함에 따라 제1세계의 지역들이 주변화되어 제3세계의 지위로 떨어졌기 때문이다. 바꾸어 말하면 중심-주변관계는 국가와의 연관으로부터 떨어져나와, 서로 다른 지역들이 한 국가의 경계 안에서 맺는 관계의 특징이 되었을 뿐만 아니라, 자본과 자본에 의하여 주변화된 세력이 전지구적으로 맺는 관계의 특징이 되기도 하였다. 여기서 세계주의와 지역주의가 공존하는 아이러니가 생긴다. 이같이 새롭게 펼쳐진 상황은 자본주의사회에서 국민국가의 존재를 침식해왔듯이, 역사적으로 국가의 경제적 주권을 전제로 성립된 사회주의국가들 또한 침식하였다. 사회주의국가들이 몰락하자 세계는 다시 한번 초국적자본의 제1세계와 저발전의 제3세계로 이분되는 상황으로 돌아갔는데, 이전의 제2세계인 사회주의권은 '제3세계'적 위치로 전락하여 자본의 길에 들어섬으로써 그 위치에서 기어나오려고 노력하는 처지가 되었다. 세계를 남-북으로 이분하는 것은(놀랄 일이 아니지만 '남-북'은 이 새로운 상황에 수반되는 개념으로 부각되었다), 남과 북이 지리적 위치를 가리키는 것이 아니라 세계경제의 형세 내에서의 위치를 가리키는 것으로 북은 자본의 길에 들어섰음을 의미하고 남은 그 길 바깥에 있음을 의미함을 기억하는 한에서는, 자본주의의 현국면을 더 정확하게 형용한다고 할 것이다.

우리가 알았던 사회주의, 즉 민족적 자급자족과 자본주의 세계경제와의 연결고리 끊기라는 전제에 기반을 둔 사회주의는 새로운 상황에서는 부적절하다. 사회주의국가의 이데올로기로서의 맑스주의도 그러하며, 나아가 전지구적 근대화 이론으로서의 맑스주의도 그러하다. 이론으로서의 맑스주의가 유럽중심적 자본주의의 공간적·시간적 전제들을 기반으로 하는 한에서는, 동질화에 의해서만큼이나 분화에 의해서도 특징지어지는 자본주의의 새로운 상황을 설명할 길이 없다. 자본주의 자체는 이 분화를 인정함으로써 자신의 기원을 초월하려고 했다. 세계경제를 새로운 관점에서 이해하려는 주도적 노력이 유럽·미국 자본의 외부로부터 온 것은 놀랄 일이 아닐 것이다.

그러나 몇몇 사람들이 주장한 대로, 새로운 세계상황이 맑스주의나 혁명에 대한 근대화의 승리를 나타낸다거나, 아니면 2차대전 이후 레닌주의와 경쟁하는 가운데 성립된 근대화론이 세계경제 내의 상황전개를 맑스주의보다 더 잘 설명한다는 결론이 나오는 것은 아니다.[2] 실로 맑스주의는 근대화론과 중첩되는 부분에서만 실패했을 따름이며, 이데올로기로서의 맑스주의는 사회주의가 자본주의의 생산주의적 목표들을 달성하려고 나섰을 때 그 모순을 가장 첨예하게 드러냈다고 주장할 수도 있다.

근대화론이 자본주의 세계경제 내의 새로운 사태전개를 설명하기에 불충분한 이유는 그다지 모호하지 않다. 근대화론이 함축하는 경제주의가 사회주의 정치의 도전에 대하여 갖는 취약성을 재빨리 인식한 쌔뮤얼 헌팅턴(Samuel Huntington)과 같은 이들이 근대화론에 중요한 수정을 가했음에도 불구하고, 오늘날까지 근대화론은 그 구조 내에 자본주의의 공간적·시간적 목적론을 보유하고 있다. 그것도 맑스주의보다도 더 결정론적으로 말이다. 이제 경쟁자인 사회주의가 사라졌으므로 이 목적론이 다시 한번 전면에 나섰다. 생산의 발전이 자동적으로 보편

---

2) "세 개의 세계"라는 말의 기원에 대해서는 Carl E. Pletsch의 계몽적인 논문인 "The Three Worlds, or the Division of Social Scientific Labor, circa 1950~1975," *Comparative Studies in Society and History* 23, no. 4 (December 1981), 565~90면 참조.

적 복지를 포함하는 근대의 정치·사회·문화적 특징들을 낳을 것이라는 생각이 바로 이 목적론의 내용이다. 이러한 생각은 아마도 이전에 사회주의였던 사회들에서 가장 두드러지는 듯하다. '사회주의적' 근대화론자들 혹은 중국 등지에 있는 그 잔존자들은, 단순하게도 근대는 사회주의의 결과로 나타날 수도 있다는 주장을 계속할 따름이다. 결과적으로 이러한 주장에 역행하는 징후들은, 그것들이 얼마나 중대하고 지속적이냐에 관계없이, 근대화에 성공하기 위해 일소해야 할 과거의 '후진적' 유산 탓으로 돌려진다. 그러나 우리는, 과거를 버리기를 거부했던 사회들이 부분적으로 근대로 이행한 사실을 설명하기 위하여, 그리고 근대화를 유럽중심주의로부터 떼어놓으려는 진솔한 노력의 일환으로, 유럽이 아닌 곳의 과거에서 근대성을 발견하려는 노력도 때때로 있어왔음을 덧붙일 수 있을 것이다. 후자는 분명히 근대화의 목적론에 그다지 많은 영향을 미치지 않는다. 유럽이 아닌 지역의 과거를 단순히 근대화의 축(軸) 속으로 밀어넣을 뿐이기 때문이다. 근대화론이 수미일관되게 해온 일은 자신을 추상적 형태로 제시함으로써, 즉 공간적·시간적 경계가 없는 발전이론으로 제시함으로써, 자신의 기원이 자본주의에 있음을 숨긴 것이다. 이러한 주장은 심지어 잠시 동안 맑스주의가 대안적 근대화론으로 인식될 수 있게까지 하였다. 내 생각에 이러한 인식은 내용은 정확하지만 그 이유는 틀렸다. 근대화론의 관점에서 맑스주의가 정당화되는 면은 바로 자본주의에 대한 근본적 비판으로서 맑스주의가 실패한 측면들을 가리킨다.

이러한 목적론을 전제로 한다면, 근대화론이 현금의 세계를 설명할 차비가 되어 있지 않기로는 근대화론으로 해석된 맑스주의와 다를 바 없다. 어느쪽이냐 하면, 근대화론이 자본주의 내의 공간적 관계의 문제들을 다루기를 거부하는 태도는 종종 그것을 유럽중심적 자본주의를 위한 얄팍하게 분식된 변호론으로 만들어왔다. 여기서 내가 공간적 관계라 한 것은 자본주의적 생산관계에서 서로 다른 위치를 점하는 서로 다른 집단들이 동일한 사회 내에서 맺는 관계를 가리키고, 나아가 레닌주의적 맑스주의에서처럼 근대화론에서도 분석단위를 이루는 국가들 사이의 관계를 가리키며, 마지막으로 발전과 저발전의 관계에서 나오는 전지구적 범위의 중심-주변 구성체들 사이의 관계를 가리킨다. 이러한 관계들을 무시하는 것은 또한 자본주의에 대한 저항을 단순히 과거 유산의 표현으로서만이 아니라 그러한 관계들 자체의 산물로도 파악할 필요성을 없애는 것을 뜻했으며, 나아가 불평등한 권력을 그러한 관계들의 규정요인으로 보지 않음을 뜻했다. 근대화론은 그러한 저항이 오직 정치적·경제적 억압에 의해서만 진압될 수 있고 또 실제로 그렇게 진압되었다는 사실을 외면했다. 따라서 근대화 이데올로기는, 조만간 모두가 더 진보된 집단, 국가 혹은 사회의 모범을 쫓아서 진보의 대열에 동참할 것이라는 소망충족적인 (다른 무엇만큼이나 이데올로기적인) 생각에서 그 힘을 끌어내왔다. 근대화론은 이렇듯 시간의 경과에 따른 자본주의의 진보라는 관념에 집착했으며, 그러한 진보에서 탈락한 세력들을 아예 무시하거나, 진보의 대열에 편입시키는 것을 나중으로 연기하였다.

　오늘날 이 이데올로기의 실패가 가장 명백한 지점은 미국처럼 이전에는 '선진적이었던' 사회들이 보이는 경제적·사회적 퇴보인데, 이 퇴보는 중단 없는 진보라는 전제가 거짓임을 입증하는 것이었다. 그러한 퇴보가 지난날의 시간성을 뒤범벅으로 만드는 것과 유사하게, 제2세계와 제3세계가 국경을 가로질러 혼합됨은 국가, 지역 그리고 전세계의 발전으로 순차적으로 이어지는 자본주의의 공간적 목적론을 혼란에 빠뜨린다. 실로 세계경제 내에서 책임있는 위치에 있는 사람들은, 자본주의 내에서 진행된 최근의 발전이 각국 내에서 그리고 전세계에 걸쳐서 세계인구 가운데 얼마 되지 않는 사람들에게만 이익을 주었으며 대다수('남')는 주변적 위치로 그리고 비참함이 가중되는 처지로 전락시켰음을 기꺼이 인정한다.[3] 더욱이 전지구적 통합과 동질화의 외중에서 각국 내에서든 전세계적으로든 분화가 진행됨을 알리는 명백한 징후가 보이는데, 이는 무엇보다도 근대화론적 목적론의 기반을 허물며 현금의 문화에서 시간과 공간에 대한 의식이 왜 점증하는가를 설명한다.

이 새로운 의식은 다양한 형태의 '포스트모더니즘들'로 표현되어왔다. 프레드릭 제임슨은 '포스트모더니즘'을 "후기자본주의의 문화논리"라고 칭했다.[4] 이와 유사하게 데이비드 하비(David Harvey)도 그의 최근 저작『포스트모더니티의 조건』에서 사고방식으로서의 포스트모더니즘과 "유연생산의 혹은 축적의 지배체제" 사이에 직접적인 유사성이 존재한다고 보았다.[5] 어느 경우에든 현금의 문화를 이해하는 데 결정적인 것은 시간과 공간의 분화이다. 장–프랑스와 료따르(Jean-Francois Lyotard)에 따르면, 포스트모더니즘의 변별적 특징은 "메타서사에 대한 의심"이다.[6] 오늘날 '메타서사'로서의 근대화는 이전의 자본주의——혹은 사회주의——의 공간적·시간적 메타서사를 공유하는 형태의 맑스주의만큼이나 부적절하다.

실로 이론으로서의 맑스주의는 자본주의의 공간적 관계를 근대화론보다 더 잘 설명할 수 있는 능력을 줄곧 갖고 있었다. 자본주의하에서의 공간적 동질화를 전제했음에도 불구하고 맑스는 그의 자본주의사회 분

---

3) Immanuel Wallerstein, "Development: Lodestar or Illusion?," *Unthinking Social Science: The Limits of Nineteenth Century Paradigms* (London: Polity Press 1991), 113면. 페트렐라(Riccardo Petrella)는 세계인구의 40억 가량(첨단 한자동맹으로부터 제외된 부분)이 절망적인 상태에 있다고 추측한다. *NPQ(New Perspectives Quarterly)* (Fall 1991), 59~64면. 세계에서 가장 근대화된 지역인 미국의 빈궁화 현상에 대해서는 Robert B. Reich, *The Work of Nations* (New York: Alfred A. Knopf 1991), 16장 참조.

4) Fredric Jameson, "Post-Modernism: The Cultural Logic of Late Capitalism," *New Left Review 146* (July/August 1984).

5) David Harvey, *The Condition of Post-Modernity* (구동회·박영민 역, 『포스트모더니티의 조건』, 한울 1994).

6) Jean-Francois Lyotard, *The Post-Modern Condition: A Report on Knowledge*, trans. by Geoff Bennington and Brian Masumi (Minneapolis: University of Minnesota Press 1984), xxiv면.

석을 적대적인 사회관계에 입각시켰는데, 이로 인하여 사회적 공간의 개념이 그의 분석에 도입되었다. 레닌은 국가와 지역 간의 관계 그리고 발전과 저발전의 관계가 갖는 중요성을 인식함으로써 자본주의의 공간성을 온전히 파악하였다. 공간의 중요성은 '세계체제' 분석에서 가장 명시적이고도 온전하게 파악되었는데, 이 분석은 엄밀한 의미의 맑스주의에 구속받지 않았으나 그럼에도 불구하고 맑스주의적 세계분석의 파생물이다. 더욱이 제국주의하의 자본주의적 관계에 주로 관심을 가졌던 레닌의 경우와 달리 월러스틴이나 브로델(Fernand Braudel)이 행한 세계체제 분석은 자본주의 생산양식의 전체 역사를 (그리고 그 전사까지도) 설명하는 데 활용되었다.[7]

자본주의의 현국면에서 공간적 관계가 갖는 중요성을 염두에 두면, 세계체제 분석은 자본주의 세계경제의 현재의 형세를 설명하는 데서 결정적인 적합성을 갖는다. 그러나 이러한 과제를 수행하기 위해서는 맑스주의이론이 다른 두 목적론들로부터 떨어져나와야 할 것 같다. 즉 자본주의의 시간적 목적론과 맑스주의 자체의 개념적 목적론이 그 둘인데, 후자는 바꾸어 말하면 (계급과 같은) 분석개념들이 필연적으로 구체적인 사회적 실존 속에 실현되어야 한다고 기대함을 뜻한다. 앞의 논의에 비추어보면 국가가 (자본의 운동에서) 분석단위로 더이상 유용하지 않음이 분명하다. 이는 세계체제 분석이 애초부터 파악하였던 점인데, 어쩌면 경제적 구조와 별도로 정치가 갖는 중요성을 깎아내리느라 이 점에 너무 열을 올렸는지 모른다.

월러스틴은 『사회과학으로부터의 탈피』에서 유럽중심적 시간성을 거부했을 뿐만 아니라 발전개념 자체까지 문제삼았는데, 여기에는 맑스주

---

7) I. Wallerstein, *The Modern World-System* (New York: Academic Press 1974~89); Fernand Braudel, *The Perspective of the World*, vol. 3 of *Civilization and Capitalism*, trans. by Sian Reynolds (New York: Harper and Row 1984).

의의 일방향적(unidirectional) 유토피아주의에 통합된 발전개념도 포함된다.[8] 여기서 다소 주목할 가치가 있는 것은 맑스주의의 개념적 목적론인데, 이것의 중심이 계급개념이다. 계급개념은 사회분석에 있어 이전보다 오늘날 더욱 결정적인 중요성을 갖는다고 할 수 있다. (미국의 정치 현황에 대한 앞의 진술을 상기해보라.) 그러나 지난 몇십년에 걸쳐서 계급분석은 어떤 비판적 분석에든 도입되지 않을 수 없게 된 경합하는 사회개념들 때문에 매우 복잡해졌다. 성(性), 종족, 인종이 명백히 이런 유의 개념들인데, 이들은 오늘날 거의 모든 비판적 저작에 굳어진 상투어들로 꼬박꼬박 등장한다. 마찬가지로 중요한 것은 톰슨(E. P. Thompson)의 『영국 노동계급의 형성』에서 제임스 스코트(James C. Scott)의 최근 저작에 이르는 일군의 작업들이다. 이 저작들은 경직된 범주로 사용된 계급이 실제 사회현실을 설명하기보다는 위장하는 데 복무해온 방식들을 입증해왔다. 계급이 사회분석의 해석학적 도구가 되기보다는——사회관계들의 망은 그것을 구성하는 여러 계기 중의 하나로 환원될 수 없는데, 계급은 이 망을 분석하는 여러 범주들 중의 하나일 뿐이다——사회적 실존의 총체를 규정하는 요인으로 바뀌었던 것이다.[9] 이러한 경향이 갖는 정치적 함축도 마찬가지로 끔찍하다는 것이 드러났다. 현실 사회주의사회들에서는 계급이라는 추상적 개념이 전위적 지도부에 의해 전유되어, 노동자들 자신의 복잡한 사회적 실존을 부정하는 데 이용되고, 그들을 추상화된 이미지에 맞추도록 억지로 재형성하는 데 이용되었다. 이러한 종류의 목적론은 정치적·사회적으로 위험한 것으로 입증되었을 뿐만 아니라, 사회적 실존과 개인적 의식의 구조가 복

---

8) I. Wallerstein, "Marx and Underdevelopment" and "Marxisms as Utopias: Evolving Ideologies," *Unthinking Social Science*, 151~84면.

9) E. P. Thompson, *The Making of the English Working Class* (New York: Vintage Books 1966); James C. Scott, *Weapons of the Weak: Everyday Forms of Peasant Resistance* (New Haven : Yale University Press 1985).

잡한 사회관계의 중층결정된 산물로 나타난다는 것이 이전보다 더욱 분명해진 (요즈음 같은) 때는 그다지 적절하지 않다.

이러한 논점들과 내가 1930년대의 중국혁명에서 (그리고 확대하면 여타 제3세계 혁명에서 나타난 유사한 상황들에서) 나타났던 맑스주의 실천을 논하면서 주장하였던 논점들 사이의 유사성은 우연치 않다. 나는 앞에서, 중국의 맑스주의가 맑스주의의 시간적 목적론에 (그리고 그것이 공산당 속에 구현된 형태에) 얽매임으로써, 맑스주의와 중국사회, 사회주의적 목표와 민족주의적 목표 그리고 개념과 사회적 실존 간의 관계와 관련해 중국 맑스주의의 실천이 드러내 보였던 것에 등을 돌렸다는 사실에 주목한 바 있다. 나는 여기서 중국 맑스주의가 조숙한 포스트모더니즘을 내포했다고 주장하는 것은 아니지만, 게릴라혁명이 야기하는 정치적 유연성과 현금의 자본주의의 유연생산 사이에 어떤 유사성이 있을 수 있음을 시사하고 싶다. 그래서 중국의 맑스주의는 (감히 말하자면 마오의 맑스주의는) 공산당의 목적론으로부터 분리된다면, 현금의 세계를 분석하는 데 적절한 맑스주의적 패러다임이 된다.

중국인들과 세계 여러곳의 급진주의자들이 마오의 맑스주의를 중국에서의 그 결과를 보고 부정해오긴 했지만, 마오주의의 언어가 전지구적 자본주의 경영자들의 세계에 대한 개념화에서 계속 살아 있음은 우연이 아닐 것이다. '게릴라 마케팅'의 한 옹호자는 이렇게 말한다.

1984년이 왔는데, 문제는 어떻게 이를 경영하느냐입니다. 여러분, 우리가 제안하는 해답은 게릴라 마케팅입니다. 게릴라 전사가 투쟁을 적절히 수행하기 위해서는 싸움터의 지형을 잘 알아야 하는데, 이는 오늘날의 다국적기업에서도 마찬가지입니다. 우리의 싸움터는 바로 세계입니다. 우리의 목적은 이미 개발중에 있는 기술을 확장함으로써 달성될 수 있습니다. 세계시장은 이제 ① 잔존하는 문화적 요인에 따라 (즉 방언, 지방적 전통, 종교적 선호, 정치적 이데올로기, 민속적 관습, 전통적인 성역할 등에 따라), ② 지배적인 문화적 요인에 따라 (즉 소비유형에 따른 생활양식의 차이——텔레비전 시청률, 음악적 취향, 유행, 영화와 음악회 관람, 가정 비디오 대여, 잡지 정기구독, 가정의 컴퓨터 쏘프트웨어 선택, 쇼핑몰 이용 등——에 따라), ③ 막 등장하는 문화적 요인들에 따라 (즉 참여가 가능한 대화식 비디오, 홀로그러피와 초전도체가 장착된 이동식 미시상점가 mobile micromall, 소비자와의 컴퓨터 접속, 로보트 써비스 등에 따라) 컴퓨터에 의하여 여러 소비자지대(consumer zone)로 미시도해(micro-mapped)되고 있습니다. 우리가 우선적으로 관심을 보여야 할 막 등장하는 마케팅 환경은, 이미 컴퓨터에 의해 도해된 304개의 지리적 소비지대들(수평적 요소)이 거시 소비단위들의 동질적인 '의식적' 욕구뿐만 아니라 미시 소비단위들의 '무의식적' 욕구가 지닌 이질적인 다양성(수직적 요소)과도 교차참조될 수 있을 때만 총체적으로 파악될 수 있습니다. 이 후자의 도해과정은 거시 소비단위당 최대 507개에 달하는 미시 소비유형을 식별하여 분류하는 방식을 통하여 지금까지 컴퓨터에 의해 쉽게 해결되었습니다. 이러한 도해의 확장을 통하여 가장 자율적이고 이례적인 욕망들조차도 시장 확장과 통제를 위해 재구성될 수 있습니다. 이제 막 등장하는 마케팅 전략들은 상품 자체를 넘어 이미지로서의 상품을 향해 더욱 나아가야 하는데, 그 과정에서 마케팅에서 일어나는 우연한 상황들을 끝까지 추적해야 합니다. 바로 여기에 게릴라 마케팅의 과제가 있습니다. 우리가 창조한 이미지들을 끝까지 밀고 나가다가 구축(構築)된 상황으로부터 확정적인 결과는 없이 미결정의 태도만 흘러나오는 곳을 게릴라 투사들처럼 공략하는 것이 바로 그것입니다. 오늘날의 다국적기업에게는 이윤이, 우리의 전역사 속에서 생존과 마찬가지였던 성장을 위한 필요조건이긴 해도 충분조건은 아닙니다. 우리가 시장 확장과 통제에 의존한다는 사실은 여전합니다. 그러나 이제 이는 생산과 소비의 통제 이상의 것을 필요로 합니다. 성장하기 위해서는 총체적 이미지를 팔아야 합니다. 게릴라 투사처럼 우리는 사람들의 마음과 정신을 얻어야 합니다. 이러한 과제는 무한하다고밖에 볼 수 없는 과정을 통하여 사람들의 마음과 정신을 줄곧 구축하고 재구축함으로써 달성될 수 있습니다.[10]

---

10) 1987년 2월 27일 노스캐롤라이너의 '리써트라이앵글 파크'에서 열린 시장에 관한 회

이 글은 컴퓨터 용어들을 벗겨내고 나면 1930년대 공산주의자들의 게릴라 전략이 입각했던 지역분석 중의 하나처럼 읽힐 것이다.[11] 그러나 유사성은 여기서 그치지 않는다. 유동적인 전략의 필요성이 장기적인 조직적 목표를 버리지 않으면서 다양한 상황에 대처하기 위해 조직적 유연성에 대한 요구를 불러일으켰던 게릴라 투쟁에서처럼, 게릴라 마케팅의 요구 또한 초국적기업을 하나의 조직으로서 재개념화하는 결과를 낳았다. '전지구적 지역주의'는 조직상으로는 기업이 그 전지구적 목적이나 조직을 잊지 않으면서 다양한 지역들에 스스로를 동화시켜야 함을 함축한다. 기업들이 맡아야 하는 상호모순되는 역할들은 게릴라전에 참가하고 있는 중앙집중화된 공산당이 직면한 문제들과 매우 유사한 조직적 문제들을 낳아왔다. 그러한 한 기업의 최고경영책임자는, 이 사람은 자신의 회사에 대하여 다국적 혹은 초국적이라는 말보다는 '다내국적'(multi-domestic)이라는 말을 쓰는 사람인데, 자신의 회사가 직면한 조직적 문제들을 마치 마오가 중국공산당이 직면한 문제를 묘사했던 식으로 이렇게 묘사한다. "ABB(Asea Brown Boveri)는 세 개의 내적 모순을 지닌 조직입니다. 우리는 전지구적인 동시에 지역적이고자 하며, 큰 동시에 작기를 바라고, 중앙집중화된 보고와 통제의 체계를 가진 동시에 근본적으로 탈중심화되고 싶어합니다. 만일 이 모순들을 푼다면 우리는 조직상의 진정한 장점을 이뤄내는 셈입니다."[12]

의내용 중에서. 듀크대학의 쎄미나 '맑스주의와 사회'에서 1987년 3월 발표된 논문인 Rick Roderick, "The Antinomy of Post-modern Bourgeois Thought" 1~2면에서 재인용. 저자의 허가를 얻어 인용되었음.

11) 예를 들어 『쉰우로부터의 보고』(*Report from Xunwu*)에 나타난, 사회관계와 사회구조에 대한 마오의 꼼꼼한 '도해'를 참조. 중국 게릴라전에 관한 고전적인 진술들은 *Selected Works of Mao Tse-tung*, vol. 1 (Peking: Foreign Languages Press 1965)에서 볼 수 있다.

12) "The Logic of Global Business: An Interview with ABB's Percy Barnevik," *Harvard Business Review* (March-April 1991), 90~105면, 인용은 95면. 조직문제에 대한 기업의 반응에 관한 상세한 논의를 보려면 Stanley M. Davis, *Managing and Organizing*

'전지구적으로 생각하고 지역적으로 행동하자'라는 지난날의 급진적인 슬로건은 초국적기업들에게 흡수되어 그 어느 혁명적 전략에서보다 훨씬 더 큰 성공을 거두는 데 기여해왔다. 그러나 중국의 공산당이 정치 분야에서 그랬듯이, 마케팅 전략에서도 지역적인 것을 인식한다고 해서 지역의 자율성을 진정으로 인정함을 의미하는 것은 아니다. 그 인식은 단지 지역들을 전지구적인 것의 요구 속으로 통합하려는 의도의 소산일 뿐이다. 기업의 지역사회로의 '내국화'(domestication)는 권력의 위치를 신비화하는 데 복무할 뿐인데, 이 권력은 지역에 있지 않고 전지구를 통제하는 본부에 있으며 지점들의 활동을 조정한다. 일본의 마케팅 분석가인 오오마에 켄이찌가 (역시 마오와 매우 비슷하게) 말한 데 따르면, '전지구적 지역주의'는 "70%는 전지구적이고 30%는 지역적"이다.[13] 현금의 초국적기업을 이끄는 비전은 세계를 자신의 주도 아래 동질화하는 것이다. 위에서 인용한 바 있는 최고경영책임자는 이렇게 말한다. "우리는 정부들 위에 있습니까? 아닙니다. 우리는 정부들에게 답변하는 위치에 있습니다. 우리는 우리가 활동하는 모든 나라의 법을 준수합니다. 그러나 우리는 실로 나라들 사이의 관계를 변화시킵니다. 우리는 전세계적 경제통합을 위한 윤활유로서 기능합니다"(강조는 원문).[14]

자신이 원활하게 만드는 관계를 '변화시키는' 윤활유라면 대단한 윤활유가 아닌가! 어쨌든 이는 결정적인 점, 즉 오늘날의 초국적기업은 급진적 게릴라들과 아주 비슷하게 그냥 상황에 반응할 뿐만 아니라 자신의 승리를 위한 조건을 창출한다는 점을 가리킨다. 그러나 이러한 목적을 달성하기 위해서 초국적기업들은 추상적 분석범주들에 의존하기보다는 우선 사회·정치·문화적 관계들을 그 복합성을 한껏 살려서 파

Multinational Corporations (New York: Pergamon Press 1979), 특히 231~49면, "Trends in the Organiztion of Multinational Corporations" 참조.
13) Ohmae, "Beyond Fiction to Fact: The Borderless Economy," *NPQ* (Spring 1990).
14) "The Logic of Global Business," 105면.

악해야 한다. 이 분석범주들은 마오의 글에서처럼 이들의 분석에서도 사회적 현실의 서술이라기보다는 예를 들면 해석학적 도구들로 나타난다. 분석의 목표 자체가 사회적 욕구를 충족시키는 것이 아니라 조직의 목적론을 정식화하는 것이다. 비록 이 목적론이 초국적으로 적법성을 얻기 위해서는 지역 언어들로 명확히 표현되어야 하지만 말이다.

만일 전지구적 자본주의의 경영자들의 말이 마오주의자들의 말처럼 들린다면, 이는 두말할 나위 없이 그들이 마오주의자라든가 맑스주의자라서가 아니라 구체적인 지역상황들로써 이론을 명확히 표현하려 했던 게릴라 혁명가들이 처한 상황과 유사한 상황에 직면해 있기 때문이다. 바꾸어 말하면 그들의 과제는 자본주의 생산양식을 자본의 전지구적 요청을 훼손하지 않으면서 다양한 지역들에 동화시키는 것이다. 그들의 분석은 자본주의의 전지구화의 산물에 다름아닌 모순들을 설명하(고 봉쇄하)려는 시도를 나타낸다. 이 모순들을 생성하는 데 두 요소가 특별히 중요한 듯하다. 첫째는 자본주의에 대한 지역적 저항에 뿌리를 두고 있는데, 이 저항은 자본주의의 두번째 국면에서 눈에 띄게 부각되었다. 지역적 저항의 형태는 자본주의의 헤게모니에 맞서 민족의 경제적 자율성을 주장하는 것에서부터 말 그대로 지역적인 운동에까지 걸쳐 있었는데, 후자에서는 전자본주의적인 사회관계가 자본의 침투에 도움이 되는 생산관계 및 소비습관에 대한 저항을 계속했다(혹은 적어도 방해물이 되었다). 토속적 문화와 습성들의 재긍정(혹은 의식적 창안과 표명이라고 말할 수도 있겠다)은 줄곧 이러한 저항의 일부였으며, 그 저항의 언어에 필수적이었다. 자본은 게릴라 마케팅에 대한 진술에서 분명히 드러나듯이, 지역문화와 습성을 자본주의적 생산과 소비의 요청에 맞게 '재구축'되도록 해체하기 위해서일 뿐이긴 하지만, 이 지역의 언어를 자신의 언어로 전유함으로써 이 저항에 대응하였다. 그러나 그 대가는 (잠정적으로나마) 자본의 언어 자체가 분화되는 것이었다.

이 문제는 자본주의가 유럽과 북미로부터 확장되어가던 초기 국면의 산물이었는데, 이때 자본주의는 명약관화하게 유럽중심적이었으며 지역의 문화적 저항이 유럽과 미국의 세계지배를 표적으로 한 것은 일리가 있는 일이었다. 상황을 진정으로 현재적인 것으로 만드는 것은 자본의 성공적인 전지구화인데, 이는 한편으로는 이전의 저항을 성공적으로 분쇄했음을 가리키며 다른 한편으로는 유럽과 미국이라는 뿌리로부터 자본이 '탈영토화'함을 가리킨다.[15] 아이러니컬하게도 자본의 이러한 성공 자체가 일군의 새로운 모순을 낳았다. 유럽과 미국에 속하지 않은 자본들이 등장하자 대안적인 문화를 구축하는 데서 파생되는 조직형태들을 요구함으로써 유럽과 미국의 모델에 도전하는 새로운 목소리들이 나타났다. 가장 최근의 사례는 '개인주의적 자본주의'에 대립되는 '공동체적 자본주의'라는 개념이다. 비록 '공동체적 자본주의'가 사태를 신비화하는 형용모순일 수도 있고 민족문화유산에 호소하는 것이 자본의 요구에 응하여 과거를 재구축하는 것에 불과할지도 모르지만, 그럼에도 불구하고 문제는 전지구적 자본주의와 헤게모니를 놓고 벌이는 싸움이다.[16]

---

15) 이 용어는 Felix Guattari and Toni Negri, *Communists Like Us: New Spaces of Liberty, New Lines of Alliance*, trans. by Michael Ryan (New York: Semiotext(e) Foreign Agents Series, Columbia University 1990), 22면에서 사용된 것임.

16) *Head to Head*에서 Lester Thurow가 사용한 용어. *NPQ* 9, no. 1 (Winter 1992), 41~45면에서 재인용. 이 용어가 얼마나 형용모순적인지는 *NPQ* 같은 호에 실린 리콴유 (Lee Kuan Yew)와의 인터뷰에서 알 수 있다. 그는 싱가포르의 전 수상으로서 '유교자본주의'의 으뜸가는 주창자이며 *NPQ*에서 '아시아의 위대한 원로'로 묘사되었다. 이 인터뷰는 일반적으로 이해하는 '공동체'와 싱가포르에서 일어난 사회의 파시즘적 동질화 사이에 의미심장한 차이가 있을 수 있지 않느냐는 질문조차 제기하지 않는다. 사회의 파시즘적 동질화는, 싱가포르의 성공사례로 판단하건대 자본에게 20세기 후반의 이상향을 제공하였다. 모든 중국인이 혹은 모든 동아시아인이 유교와 공동체에 대한 권위주의적 해석에 승복하는 것이 아님은 두말할 필요도 없다. 반면 최근에 떵샤오핑이 '싱가포르를 경제적 기적의 모델로뿐만 아니라 엄격한 사회통제의 모델로 꼽은' 것은 필경 우연이 아니다. Catherine Sampson, "Chinese turn from conflict to capitalism," *The London Times*, 3 June 1992, 10면.

　바로 이 자본의 전지구화가 세계의 새로운 지역들에서 시장을 놓고 벌이는 전례없는 경쟁을 낳았는데, 이는 실제로는 지역의 소비습관을 누가 가장 잘 '재구축'할 수 있는가를 놓고 다투는 경쟁이었지만 지역의 소비습관에 대한 관심을 강화시킨 것도 사실이다. 독점의 조건 아래서는 생산물의 성격을 추상적인 연구와 개발에 집중함으로써 결정할 수 있었지만, 이제 회사들은 구체적인 소비습관과 구체적인 마케팅 관련 상황들을 고려해야 한다. 이 새로운 현실을 가장 잘 나타내는 예는 자동차산업인데, 일본의 생산자들이 쉴새없이 말하듯이 이 분야에서 미국의 생산자들은 소비자와 관련된 상황들을 망각했기 때문에 시장을 잃었다. 마지막으로 전지구적으로나 지역적으로나 자본주의의 성공은 또한 생산자로서 그리고 소비자로서 자본의 사회적 지반이 다양해졌음을 의미한다. 말하자면 이제 자본은 이전에는 기껏해야 주변적인 관심만을 받았던 사회집단들——여성, 종족집단, 연령집단 등——을 책임져야 한다. 이 사회집단들 또한 '재구축'되기 위해 해체되어야 하는데, 이는 이들이 더이상 추상적 범주들을 통해 인식되지 않고 그 중층결정된 복잡성과 의식을 온전히 감안하여 분석되어야만 함을 의미한다.

　어쨌든 목표는 전지구적 자본주의의 전망에 따라 사회를 재구축하기 위해 사회적 실존과 의식을 분화시키는 것이다. 그러나 현재의 상황 아래서는 분화가 동질성만큼이나 사회적 실존의 조건이다. 구조분석 용어로 말하자면 우리는 이 상황을 '구조들의 종합국면'의 산물로, 지역적 실존의 구조와 전지구적 자본의 구조의 접합으로 부를 수 있다. 그리고 자본의 관리자들이 애용하는 컴퓨터 용어로 말하자면, 이는 '인터페이스'(interface) 상황이다. 범주들의 공간화뿐만 아니라 말 그대로의 공간화도 이렇듯 어엿하게 실존의 한 조건이 된다. 시간성에 관한 불확실성도 마찬가지이다. 종합국면은 중층결정되어 있어서 미래에 대한 쉬운 예언을 허용하지 않기 때문이다. 전지구적 전망과 초국적조직은 (맑스주의이론과 당조직으로 모순을 봉쇄하려 하였던 중국공산당처럼) 모순을 봉쇄하는 데 일조할지 모른다. 그러나 그 전망과 조직이 모순을 설명할 수 있도록 조정되는 데 시간이 걸리는 까닭에 당분간은 모순이 최대의 관심대상이다.

이데올로기로서의 맑스주의는 죽었다. 이론으로서의 맑스주의는 부적절하다고 하기 힘들며 죽었다고 할 수는 더욱 없다. 맑스주의이론은 그 목적론이 제거된 채, 한편으로는 종합적 세계분석에서 그리고 다른 한편으로는 현시대의 급진적 비판에 담긴 여러 포스트모더니즘적 경향 속에서 계속 살아 있다. 그러나 이는 분화된 맑스주의로서, 그 정합성이 훼손되고 그 개념들이 해체된 형태의 것이다. 이는 모순의 형태로 나타나는 맑스주의이며, 그렇기에 서로 상충되는 관점에서 전유될 수 있다. 자본은 맑스주의를 그 이론의 원래 의도와는 매우 다른 목적을 위해 흡수하였다. 급진적 비판은 자본의 '현세적'(real-world) 권력에 대항하여 겨우 그 비판대상인 분화를 패러디할 수 있을 따름인 듯한데, 이는 모순을 자본주의 생산양식의 목적론을 갖고 '재구축'할 희망을 여전히 가질 수 있는 자본측과는 달리, 올바르게도 모든 목적론을 버린 포스트모던한 비판은 자신을 이끌 전망도 없으며, 또 맑스주의의 조직운동사가 드러내온 바를 염두에 둘 때, 어떤 조직된 활동을 주장할 의지도 없기 때문이다.

그렇다면 이런 상황에서 이론으로서 그리고 해방의 담론으로서의 맑스주의의 처지는 어떠한가? 자본주의사회의 현실이 맑스가 150년 전에 『공산당선언』에서 한 예언에 가장 근접한 듯한 바로 이때에, 자본이 국경의 제한으로부터 벗어나서 참으로 전지구적이게 된 바로 이때에, 계급이 자본주의 역사에서 그 어느 때보다 더 온전히 초국적인 듯한 바로 이때에, 그리고 동일한 사회적·문화적 구성체들을 전지구적으로 재생산/복사하는 데서 자본주의의 동질화 효과가 전보다 더욱 눈에 띄게 된 바로 이때에, 정작 맑스주의는 호감을 잃고 예전의 맑스주의자였던 급진주의자들에게서조차 의심의 시선을 받는다는 것은 아이러니컬하다

(혹은 어쩌면 전혀 아이러니컬하지 않다). 사회주의국가들의 몰락이 과연 맑스주의의 부적합성을 가리키는 것인지, 아니면 (자본주의사회에서든 이전의 사회주의사회에서든) 그 계급적 이해관계상 정치적 담론으로서의 맑스주의가 신망을 잃고 영원히 (마가렛 새처의 독기서린 용어를 빌리자면) '매장'되기를 요구하는 사람들에게 구실을 제공하는 것은 아닌지를 묻는 데 신경쓰는 급진주의자들은 오늘날 거의 없다.

맑스주의가 담론으로서 갖는 두 측면, 곧 총체성을 강조하고 계급분석에 우월성을 부여하는 것은 맑스주의가 특별히 적합성을 지니는 부분이다. 탈구조주의의 총체성 거부는 현재의 급진적 담론이 모든 '토대론적'(foundational) 역사 담론들——자본주의가 근대 역사의 '토대'가 되는 위치에 있음을 인식하는 담론들을 포함하여——을 거부하는 데서 상투적으로 되풀이되는데, 이 급진적 담론 또한 '분화'와 '차이'를 불평등과 억압의 문제에 대한 민주적 해결책의 원천으로 물신화한다.[17] 이와 유사하게 계급개념도 비판을 받게 되었는데, 그 이유는 이 개념이 특정 형태의 억압을 (그리고 그에 대한 저항을) 다른 형태의 억압보다 '특권화하며', 사회적 지위들이 '고정될' 가능성을 강조하고, 계급적 위치에 의해 고정되는 주체성을 전제로 한다는 것이었다. 총체성과 계급이라는 두 문제는 자세히 분석해보면 한데 연결되어 있다. 계급범주가 사회적 범주로서 갖는 우위는 자본주의가 토대의 지위를 갖는 것에 의존하며, 따라서 계급적 억압과 투쟁에 우위를 부여하기를 거부하는 것은 곧바로 사회와 역사에서 자본주의가 차지하는 토대로서의 지위에 대한 물음들을 불러일으킨다.

내가 실제로 현실 사회주의와 연관된 종류의 총체화하는 해결책들을 가능하거나 바람직한 것으로 보지 않음은 앞에서 말한 바——이는 앞으로도 더욱 자세히 논할 것이다——로부터 분명하게 드러날 것이다. 그

---

17) 구체적 참조사항은 뒤의 '탈식민주의'에 대한 논의를 볼 것.

러나 현재 우리가 직면한 문제들(그리고 이 문제들에 대한 가능한 해결책들)에 대한 그 어떤 분석도 자본주의하의 총체성개념이나 계급문제를 일급의 논점으로 다루지 않고 이루어질 수 있다고 주장하는 것은 전혀 별개의 문제이다. 총체성의 거부는, 현금의 급진주의가 처한 근본적 모순, 곧 통제와 억압을 담당하는 세력이 그 범위나 함축이 대단히 총체주의적인 성격을 띤 상황에서, 총체화하지 않는 해결책들을 어떻게 정식화해낼 것인가라는 문제를 직시할 필요성을 없앤다. 사실 이 근본적인 문제를 회피하는 것은 현재 아주 많은 급진적인 비판에서 사회적 해체와 억압의 지배적인 형태에 대한 비판과 정당화 사이의 구분을 흐리는 원인이 될 수 있어서, 급진적인 비판이 종종 자본주의체제의 이데올로기적 표현처럼 들릴 정도이다. 급진주의자들은 아이러니컬하게도 그들이 비판하고 있다고 주장하는 억압적 체제와 공범관계에 있다는 인상을 낳는 것이다. 이는 계급을 부정하는 데서 특히 분명하게 나타난다. (계급개념을 부정하는 것은 그것을 제한하는 것과는 매우 다른데, 이에 대해서는 나중에 더 논할 것이다.) '주체의 죽음'에 대한 병적인 몰두나 주체위치가 갖는 복잡성과 모순성에 대한 끊임없는 주장은, 그것이 추상적인 사실을 반복한 것으로서 아무리 건전하게 보일지라도, 우리가 겪는 나날의 삶에서는 몇몇 사람들은 단추를 누르는 위치에 있는 반면에 다른 대다수의 사람들은 이유도 영문도 모른 채 그들의 단추가 눌림을 받는 위치에 있다는 사실을 무시한다. 그러한 주장은 어떤 비주체들은 세상의 부를 휘어잡고 있고 반면에 다른 비주체(non-subject)들은 굶어죽고 있다는 사실을 인식하지 못한다. 이데올로기 비판에서 '주체'를 부정하는 것은 억압과 착취에 맞선 저항과 투쟁의 발판을 무너뜨리는 행위다. '정체성의 정치'(identity politics)로 변한 정치는 의의와 의미를 지닌 정치를 부정하는 데로 귀결될 뿐이다.

이 글의 앞부분에서 나는 계급개념은 그것이 추상적이라는 바로 그 점에서, 자본주의에서 (그리고 현실 사회주의에서) 나타나는 권력의 추상적인 작용과 맞서게 해준다고 시사하였다. 말할 것도 없이 다른 모든 개념들처럼 계급개념도 목적론이거나 환원론적으로 해석될 수 있는데, 이러한 해석은 계급개념을 나날의 삶에서 나타나는 복잡성이 제거된 사물화된 사회적 범주로 바꾸며, 이데올로기적·정치적으로 조작될 수 있게 한다. 그러나 계급적 정체성이라는 개념의 추상성 자체는 정치적 정체성에 다른 요구들이 침입할 여지를 미리 봉쇄하는 것을 (길게 보면 불가능하지는 않더라도) 어렵게 만들며, 정치적 공간을 계급의 공간으로 환원하는 데 대한 지속적인 저항을 허용한다. 성, 종족 등과 같이 서로 경합하는 개념들은 대안적인 사회적·정치적 권력의 구축을 지향하는 급진적 분석에서 아무리 결정적인 중요성을 가진다 해도 구체적인 연계대상을 지닌다는 바로 그 점 때문에 그 대상과 동일시하는 경향을 쉽게 끌어들이며, 그 개념들을 움직이게 하는 권력관계들(그 개념들의 공급자들의 계급적 이해관계 같은 것들)을 구체적인 통일성이라는 겉면으로 쉽게 위장한다. 그리하여 이 개념들은 이데올로기 조작의 도구로 바뀌는데, 이는 극단적으로는 배타주의적인 (그리고 종족의 경우에는 사악한) 생물학적 정치를 낳는다. 바로 이 생물학적 정치가 현재 전세계적으로 정치의 상당 부분을 특징짓는 것이다.

　현재 이론적 활동의 대단히 많은 부분이 과거의 현실비판적인 이론적 접근들이 지닌 개념적 환원주의를 극복하는 데 바쳐지는 마당에 '총체성'의 개념이 거부되어야 한다는 것은 아이러니컬한 (그리고 스스로 맥을 빼는) 일인 듯하다. 사회적 범주들을 그 상호관계 속에서 (혹은 내가 선호하는 말로는 중층결정성 속에서) 드러내려는 충동은 이미 어떤 한 범주에 의해서 제공되는 것보다 큰 공간을 전제로 한다. 이것이 시사하는 바는, 문제가 되는 것은 총체성개념이 아니라 우리가 총체성을 어떻게 공간화하느냐(바꾸어 말하면 어디에 그 경계선을 긋느냐)이며, '총체화'가 환원주의(어느 하나의 범주로 환원하여 총체화하는 것)를 필연적으로 요구하느냐 아니냐 하는 점이다. '차이의 정치'는 사회집단들간의 차이에 대한 인식과 존중을 요구하며, 총체화가 함축하는 동질화에 대립하여 지역적인 것의 자율성에 세심한 관심을 보일 것을 요구한다. 그 어느 경우에도 '차이'의 주장은 더 큰 총체성을 참조하지 않고서는 말이 되지 않는다. 즉 사회집단들의 경우에는 다른 사회집단들이, 그리고 지역적인 것의 경우에는 지역 밖의 것이——그것이 어떻게 정의되든——참조되어야 한다. '차이'에 대한 강령적 주장에 우리가 얼마나 공감하든, 사회집단이나 지역이 자율적이라는 여기에 함축된 생각은 순진할 정도로 주의주의(主意主義)적이며 자기모순적이다.[18] '차이'의 정치는 무엇보다도 자본주의의 문제를 회피하기 위하여 고안된 듯한데, 자본주의의 문제는 (생태론적 총체와는 뚜렷이 구별되는) 그 어떤 사회적 총체의 개념에도 가장 넓은 맥락을 제공해주며, 이론적 담론 자체에도 설 자리를 제공한다. 사회적 실존이 거미줄 같은 사회관계에 의해 중층결정되며 이 사회관계 자체도 궁극적으로 이 맥락에 의해 구체적 형세를 갖추듯이, 마치 지역적인 것이 전지구적인 것으로부터 동떨어져서 파악될 수 있다는 양 전지구적인 것에 대한 지역적인 것의 우선성을 주장하는 것은 비생산적이며 인식론적으로 그릇된 길로 이끈다. 지역적인 것이 자본의 침투와 작용에 의해 재가공되는 형태로 의식의 표면에 떠오르는 체제인 전지구적 자본주의에서는 이러한 주장이 특히 잘못되었다.

---

18) Ernesto Laclau는 이렇게 쓴다. "적이 어떻게 공격할지에 대한 불확실성이 곧 수동성을 낳는 것이 아니듯이, 토대의 신화를 버리는 것이 허무주의를 낳는 것은 아니다. 그것은 오히려 필요한 담론적 개입과 논증의 변성을 낳는다. 담론이 단순히 반영하기만 하는 담론 외적 현실이란 없기 때문이다. 논증과 담론이 사회적인 것을 구성하는 한에서 그것들이 가진 개방적 성격은 더 큰 행동주의와 더 급진적인 자유론의 원천이 된다. 신, 자연, 역사의 필연적 법칙 등의 영원한 힘들에 항상 고개를 숙여온 인간은 이제 최초로 탈근대성의 문턱에서 스스로를 자기 자신의 역사의 창조자이자 구축자로 간주할 수 있다." E. Laclau, "Politics and the Limits of Modernity," *Universal Abandon? The Politics of Postmodernism*, ed. by A. Ross (Minneapolis: University of Minnesota Press 1988), 79~80면; Henly Giroux, *Border Crossings: Cultural Workers and the Politics of Education* (New York and London: Routledge 1992) 54면에서 인용.

어쨌든 총체성의 개념이 해방의 목표들에 필수적이지는 않다 하더라도 해방의 상황들에 대한 포괄적인 '인식의 지도 그리기'(cognitive mapping)에는 필수적인 때에, 과연 어떤 해방의 담론이 '총체성'의 문제를 직시하기를 회피할 수 있을는지는 의문이다.[19] '차이의 정치'는 구조와 동질화 사이의 구분을 흐린다. 자본이 세계를 구조화한다는 주장에 자동적으로 자본이 세계를 동질화한다는 의미가 내포되어 있다는 발상은 명백히 잘못된 것이다. 구조 자체가 그것을 구성하는 관계들의 차이를 함축하기 때문이다. 급진적 비판에서 보이는 '총체성'의 거부는 급진주의자들에게서 세계를 구성하는 관계들을 '도해하는'(map out) 능력을 빼앗고, 이 과제를 그들처럼 총체성에 대해 꺼림칙해 하는 마음이 없는 전지구적 자본주의의 경영자들에게 넘겨줄 따름이다. 실로 급진주의자들은 전지구적 권력의 현실을 알기 어렵게 만드는 가운데 자본의 작용에 이데올로기적 덮개를 씌우며, 자본의 작용과 더불어 나날이 표면에 드러나는 문제들을 해방의 약속과 혼동되도록 한다.

왜 전지구적 자본주의하에서 '총체성'에 대한 인식이 이전보다 더 중요할 수 있는지는 현재의 계급구성체들을 통하여 예증될 수 있을 것이다. 레슬리 스클레어(Leslie Sklair)는 그의 『전지구적 체제의 사회학』에서 초국적자본의 우세는 "초국적 자본가계급"의 출현을 동반하였다고 시사하였는데, 이 계급은 초국적자본을 위해 일하고 그 자본의 작용을 전지구적 규모로 촉진하며 자본주의의 문화와 이데올로기를 보편화한다고 한다.[20] 초국적자본의 이데올로그들은 이 현상을 확증할 뿐 아니라,[21] 이로 인하여 제1세계와 제3세계 간 관계의 재편성을 포함하여 전

---

19) '인식의 지도 그리기'에 대해서는 F. Jameson, "Cognitive Mapping," *Marxism and the Interpretation of Culture*, ed. by Cary Nelson and Lawrence Gossberg (Urbana and Chicago: University of Illinois Press 1988), 347~57면 참조.

20) Leslie Sklair, *Sociology of the Global System* (Baltimore: The Johns Hopkins Universtiy Press 1991), 52~84면.

21) Rosabeth Moss Kanter, "Transcending Business Boundaries: 12,000 World

지구적 관계들이 구조지어지는 방식을 강조하기까지 한다. 전지구적 자본주의의 분석가이자 클린턴 행정부의 노동장관이었던 로버트 리치는 미국의 경제를 전지구적 자본에 의해 형성된 새로운 세계상황에 맞추려 한 중요한 (그의 지위로 인해 이전보다 더욱 중요해진) 인물이다. 리치에 의하면 자본의 전지구화는 노동의 성격을 변화시켰다고 한다. 그는 노동을 세 개의 범주——"상징분석가", 기존의 생산직 노동자, 일반적인 써비스 노동자——로 나눈다. 국민경제 안에서든 국제노동분업에서든 권력은 자본주의의 현국면에 결정적인 중요성을 갖는 '상징분석'의 기능들을 수행하는 데 기반을 두고 있다는 것이 그의 주장이다. 리치는 미국경제를 구성하는 자산의 약 50%를 통제하는 극소수의 인구에 대해서는 거의 할말이 없지만, 그렇더라도 그의 노동분업에 대한 지적은 교훈적이다. 정신으로 노동하는 사람들('상징분석가들')이 국민경제와 세계경제에서 지배계급을 이루며, 반면에 손으로 노동하는 사람들(이전에 '프롤레타리아트'였던 기존의 생산직 노동자와 써비스 노동자들)은 하층계급이다(전지구적 자본주의에 의해 주변화되는 사람들은 더 말할 것도 없다). 계급적 지위를 결정하는 요인으로서 정신노동과 육체노동의 분화는 새로운 것이 아닐지도 모른다. 그러나 이제 이것은 전지구적으로 일어나고 있으며, 또한 세계가 제1세계와 제3세계로 분할되는 것을 특징짓는다. 상징분석기능들의 통제는 (즉 연구와 개발은) 전지구적 경제 내 권력의 지표이며, 반면에 기존의 생산직 및 써비스 노동은 제3세계의 영역에 귀속된다. 전지구적 경제에서의 계급구분은 이렇듯 제1세계와 제3세계로의 분할(일국에서뿐만 아니라 전지구적으로 일어나는 분할)에 상응하는데, 둘 다 정신노동과 육체노동의 분화에 의거한다.[22]

  여기서 그러한 분석들이 세계에 대한 진술로서 나무랄 데가 있느냐

Managers View Change," *Harvard Business Review* (May-June 1991), 151~64면에 나타난 경영자들에 대한 전지구적 개관 참조.
22) R. B. Reich, 앞의 책, 171~84면.

없느냐가 요점은 아니다. 이렇듯 근본적인 변화가 일어날 때는 세계가 그러한 분석들이 서술하는 것보다 훨씬 더 복잡하고 예측 불가능할 수 있기 때문이다. 요점은 리치(혹은 『하버드 비즈니스 리뷰』)와 같은 전지구적 자본주의의 이데올로그들이 이 체제의 움직임을 훨씬 더 명확하고도 포괄적으로 지역적인 세분화에도 관심을 기울이면서 분석하고 있으며, 이 분석은 이른바 급진주의자들이 부정하고자 갈망하는, 한때는 (기존의 체제로서는) 말할 수 없었던 개념화를 통해 이루어진다는 점이다. 또한 이 분석은 그 이데올로그들로서는 타당한 이유하에 행해진다. 그들은 전지구적 경제를 공고히 하고 그것이 창출한 권력관계를 안정시키기 위해 그 경제에 져 있는 주름들을 다림질로 펴야 하는 것이다. 급진주의자들이 전지구적 자본주의가 제기한 총체성과 계급의 문제를 회피하는 데는 물론 용기의 부족과 이데올로기적 순진성이 한 역할을 한다. 그러나 어떤 경우에는, 내가 나중에 시사하겠지만, 전지구적 자본주의가 창출한 상황의 산물인 '급진주의자들'이 갖고 있는 새로이 발견된 힘은 그들이 자본주의의 문제들을 회피하는 태도와 어떤 연관을 가질지도 모른다. 이 점 또한 현재의 권력관계 속에서 그들이 차지하는 위치를 애매모호하게 한다.

이러한 고찰들은 내가 이 책의 서두에서 던졌던, 현재의 저항전략에서 맑스주의가 갖는 중요성에 대한 질문에 답하는 데 중요하다. 나는 앞에서, 자본주의 생산양식의 시간적·공간적 전제들이 맑스주의 속에 내면화된 까닭에 자본주의에 대한 진정한 저항의 토대가 될 맑스주의의 능력이 삭감당하였으며, 심지어는 맑스주의적 해방론을 자본주의적 공간성과 시간성이 지배하기도 했다고 주장하였다. 따라서 맑스주의적 목적론(프레드릭 제임슨의 말로 하자면 "사회주의의 자본주의 내 잠복"의 복원은 맑스주의의 문제들에 해결책을 제시하지 않는다. 분석범주들을 중층결정된 일상적인 사회적 실존과 혼동하는 개념적 목적론이나, 경제적 관계의 위치(그리고 논리 logos) 이외의 규정들을 비롯한 사회관계의 복잡한 거미줄망을 무시하는 계급분석이 갖는 환원주의도 그 해결책을 제시하지 않는다. 과거의 경험은 그러한 목적론들이 정치적으로 민주적 결과들을 생산하지 않음을 분명히 보여준다. 최근의 비판이 올바르게 지적하듯이, 이 목적론들은 해방과 관련된 어떤 의제든 하나의 요소로서 포함해야 할 차이와 이질성을 무시하기 때문이다. 이론적으로 말하자면, 맑스주의적 목적론은 부르즈와적인 근대화론적 목적론만큼이나 전지구적 자본주의에 의해 창출된 공간적·시간적 분화를 다룰 능력이 없다. 따라서 우리가 전지구적 자본주의에 그 구체적인 **구조적** 복합성을 감안하면서 맞서려면 공간적·시간적 환원주의를 피하면서도 총체성을 파악하는 복잡하고도 모순적인 작업이 요구된다. 궁극적으로 이러한 맞섬이란, 곧 자본주의에서 총체성(아무리 분화된 것일지라도)의 문제를 필연적으로 다루어야 할 이론적 담론을 갖춘, 총체화하지 않는 해방의 담론을 발전시켜내는 일을 뜻한다. 이는, 이론의 과학성을 주장함으로써 미래를 식민화하는 행태로부터 해방의 유토피아적 목표들이 분리되고 구원되어야 한다는 말과 같다.

물론 여기서 문제는, 공간적·시간적 목적론 및 범주적 목적론으로부터 벗어난 맑스주의적 분석이——바꾸어 말하면 리꾀르의 경우처럼 여러 해석학적 도구 가운데 하나로 변화한 맑스주의는——그 개방성으로 인해 아무리 호소력을 갖는다 해도, 해방의 목표와는 정반대의 목표를 위해 쓰일 수도 있다는 점이다. 나는 앞에서, 30년대 중국의 맑스주의자들이 실천을 통해 목적론의 **문제틀**을 드러내고 나서 이론과 조직의 목적론을 복원함으로써 그들의 실천이 드러내 보인 것에 등을 돌렸다는 점을 언급하였는데, 이러한 태도의 변화는 타당한 이유를 갖는 것이었다. 게릴라 사회주의의 언어가 전지구적 자본주의에 동화된 것은 사회적 해석학으로 변한 맑스주의가 갖는 취약함을 드러내는데, 이럴 경우 맑스주의는 그 어떤 주인도 섬길 수 있는 것이 아닌가!

탈목적론적 결론은 미래로부터 확실성을 박탈한다는 점에서 문제성이 있지만, 스스로 과학적임을 주장하는 이론의 독재보다는 낫다. 해방은 이론적인 명제라기보다는 윤리적인 명제인데, 이는 해방의 목표들은 이론과 무관하게 정식화되어야 하며 이론이 해방에 복무해야지 과거 맑스주의적 실천처럼 그 반대가 되어서는 안된다는 것을 뜻한다. 동질화에 맞서는 그리고 그 동질화를 가동시키는 자본주의적 생산양식의 파괴적 발전지상주의에 맞서는 저항이 해방을 향한 출발점이 되어야 한다. 그러나 해방의 목표들은 이론적으로 정의될 수 없는데, 이론 자체가 동질성을 그리고 다양성의 봉쇄를 전제하기 때문이다. 현재는 자본주의 생산양식의 파괴성이나 헤게모니에 맞서는, 그리고 인류의 대다수와 게릴라전을 벌이는 초국적기업들의 권력에 맞서는 그 어떤 가시적인 저항도 없는 듯하다. 그나마 존재하는 저항은 너무나 분화된 것이어서 자본의 전지구적 조정에 맞설 그 어떤 희망도 주지 않는 듯하다. 그러나 저항의 조직적 중심이 결여되어 있고 저항운동이 공통의 목표를 추구하는 가운데 서로 응하는 기반이 되는 공유된 의제가 결여되어 있다고 해서 운동이 부재하는 것으로 받아들여져서는 안될 것이다. 어디에나 저항운동은 존재한다. 이 운동들이 추구하는 목표가 지역주의적이고 개별주의적이라는 사실이 이 운동들이 당면한 특수한 문제들을 낳는 전지구적 세력에 대한 인식이 없음을 뜻한다거나, 아니면 그 때문에 지역과 특수한 이해관계를 넘어서는 연계망 속에서 활동을 조정할 능력이 없음을 뜻하는 것은 아니다. 주된 예들은 전세계에 걸친 여성운동과 생태계보존운동에서 발견된다. 이 운동들은 일상적인 삶의 문제들을 해결하고자 활동하는 가운데서 해방의 의제를 정식화하는 중인데, 여기서 일상적인 삶의 문제들이란 전지구적 자본이 세계 모든 지역의 일상적인 삶에 침투함으로써 제기된 것들이다. 이 운동들을 과거처럼 추상적으로 정의된 의제에 종속시킨다면, 이는 결국 해방을 추구하는 과정에서 지역에서 발휘되는 창조성을 가로막겠다는 것에 다름아니며, 이론을 (혹은 사물화된 문화개념을) 장악하여 보편성을 주장하지만 실상은 마찬가지로 지역적이고 개별주의적인 기원을 갖는 급진적 헤게모니를 재천명하는 데 이를 뿐이다. 지역적인 것의 문화라는 문제로 되돌아가 말한다면, 저항의 문화는 미리 정의되기보다는 지역공동체의 온전성과 생존을 위한 그리고 그 민주적 여망을 위한 투쟁의 과정에서 출현하게 마련이다. 삶이 나날이 황폐화되어가는 현실에서 이 여망들이 아무리 어렵고 심지어는 불가능해 보일지라도 경멸할 일은 아니다.

하나의 원천에서 시작되는 해방의 의제는 해방의 목표에 충실한 것으로 남아 있으려면, 목적론적 전제들에 맞추어 정식화된 강압적인 공리들의 형태나 그 반대인 지역문화의 사물화라는 형태를 띠기보다는 지역적으로 고려되어야 할 일반적 제안들(혹은 역으로 일반적으로 고려되어야 할 지역적 제안들)의 형태를 띨 수밖에 없다. 자본은 유연한데 자본에 대한 급진적 저항이 경직되고 1차원적일 여유가 있는가? 마지막 장에서 나는, 이 문제들에 대한 해결책으로서가 아니라 해방의 문제를 깊이 살펴보기 위해 고려할 만한 가치가 있을 제안으로 몇가지 생각들을 제시하고자 한다.

5

경계영역의 급진주의

여성,
생태학,
과학

물리학자로 훈련받은 반다나 시바는 인도의 데라둔에 있는 '과학, 기술 및 천연자원정책을 위한 연구재단'의 이사이며, 말레이시아의 쿠알라룸푸르에 본부를 둔 '제3세계 네트워크'의 회원이다. 그녀는 시민운동에서뿐만 아니라 유엔과 같은 정책수립단체에서도 활동중인데, 그녀가 참여한 시민운동 중에서 인도 북부의 칩코(나무끌어안기)운동이 가장 유명하다. 그녀는 생물다양성(biodiversity)운동의 으뜸가는 옹호자이다. 그녀는 이렇게 쓴다.*

과학이 가부장제와 특정 계급 및 문화에 두고 있는 편협한 뿌리는 자신이 보편적이라는 주장 아래 가려져왔으며, 다른 전통들, 즉 여성과 비서유럽인들의 전통을 통해서만 드러날 수 있었다.… '과학혁명'이 지적 진보의 보편적인 과정이라는 신화는 여성해방론적 연구와 비서유럽문화에 속하는 과학의 역사에 의해 꾸준히 침식되어왔다. 이러한 움직임들은 환원주의적 패러다임의 등장을 서유럽 여성의 지식이, 그리고 비서유럽(non-western) 문화의 지식이 종속되고 파괴된 것과 연관짓고 있다.…내가 '과학혁명'이라는 근대 서유럽 가부장제의 특수한 인식론적 전통을 환원주의적이라고 부르는 것은, 그것이 다른 인식주체 및 다른 앎의 방식을 공히 배제함으로써 자연을 아는 인간의 능력을 축소하였기 때문이며, 자연을 활력 없고 분화된 물질인 양 취급함으로써 스스로를 창조적으로 갱신하고 새롭게 하는 자연의 능력을 축소하였기 때문이다. 환원주의는 자신이 종속하고 대체한 다른 모든 비환원주의적 지식체계들로부터 자신을 구분하는 일단의 변별적 특징들을 가진다. 환원주의의 기본적인 존재론적·인식론적 전제들은 동질성에 기반을 둔다. 환원주의는 모든 체계들이 서로 분

*Vandana Shiva, *Staying Alive: Women, Ecology and Development* (London: ZED Books, Ltd. 1988). 나에게 이 책과 시바의 저작 일반을 접하게 해준 사람은 록싼 프라즈니악이다. 실로 이 글은 논의대상인 문제들에 대한 록싼의 통찰들로부터 많은 도움을 얻었다.

리되어 있으며 무연관적이고 원자주의적인 기본 구성요소들로 이루어져 있다고 보며, 모든 기본적인 과정들은 기계론적이라고 전제한다. 환원주의의 기계론적 은유들은 자연과 사회를 사회적으로 재구성하였다. 질서와 권력의 개념들이 상호연관성과 상호작용에 기반을 두었던 유기론적 은유들과는 대조적으로, 자연을 기계에 빗대는 은유는 분리 가능성과 조작 가능성이라는 전제에 기반을 두었다. …이러한 지배는 본래적으로 폭력적이며, 이것은 온전성의 파손으로 이해된다. …획일성은 어떤 체계의 부분들에 대한 지식이 전체에 대한 지식으로 여겨지도록 한다. 분리 가능성은 맥락으로부터 떼어낸 지식의 추상화를 허용하며, 소외와 방관에 기반을 둔 타당성의 기준을 창출하는데, 이러한 타당성은 곧 '객관성'이라고 내세워진다. 그리하여 '전문가'들이 지식을 추구하고 정당화하는 유일하게 합법적인 사람들로서 내세워진다(21~23면). …1987년 12월 스톡홀름에서는 두 개의 상이 수여되었다. 노벨경제학상은 자연의 가결성(dispensability)에 기반을 둔 성장이론을 내세운 MIT의 로버트 쏠로우(Robert Solow)에게 주어졌다. 쏠로우의 말을 빌리자면 "세계는 실상 천연자원 없이도 살아갈 수 있다. 따라서 탕진은 재해라기보다는 사건일 뿐이다." 동시에 "삶을 더욱 온전하게 하고 지구를 치유하고 인간성을 고양하는 데 기여하는 전망과 작업을 위하여" 제정된 ('올바른 생활'상의 대중화된 이름인) 대안(代案) 노벨상을 수상하는 명예는 칩코운동의 여성운동원들에게 돌아갔는데, 이들은 지도자이자 활동가로서 삼림의 삶을 자신들의 삶보다 우위에 놓았으며, 실천적 활동을 통해 자연이 생존에 불가결함을 알렸다(218면).

5

경계영역의 급진주의

경계영역

자신의 저작 『경계영역』(*Borderlands/La Frontera*)에서 멕시코계 미국인 레즈비언 작가인 글로리아 앤젤두어(Gloria Anzaldua)는 이렇게 쓴다. "새로운 여성 메스티조는 모순에 대한 관용, 모호함에 대한 관용을 익힘으로써 상황에 대처한다. 그녀는 멕시코 문화 안에서는 인디언 되기를 배우며, 백인의 관점에서는 멕시코인 되기를 배운다. 그녀는 문화로 요술부리기를 배운다. 그녀는 복수적인 인격을 가지고 있으며, 복수적인 방식으로 활동한다. 선이든 악이든 추한 것이든, 그 어느것도 내쫓지 않고 거부하지 않으며 방기하지 않는다. 그녀는 모순을 견딜 뿐만 아니라 반대되는 것의 양립을 무언가 다른 것으로 변환시킨다."[1]

작가는 경계영역에서 산다. 국경과 같은 문자 그대로의 경계영역뿐만 아니라 사회적 범주 같은 은유적 경계영역에서 산다. 유연생산의 시대에는 우리 모두가 경계영역에서 산다. 탈영토화되고 탈중심화된 자본은 스스로 자유롭게 움직일 수 있는 경계영역을 세우는데, 여기서 자본은

---

1) Gloria Anzaldua, *Borderlands/La Frontera: The New Mestiza* (San Francisco: Spinsters/aunt lute 1987), 79면.

국가와 사회의 통제로부터 떨어져 있지만 사회에 맞서서 국가와 결탁할 수도 있다. 앤잴두어가 사는 미국과 멕시코 사이의 경계지방은 또한 마낄라도라 산업단지가 자리잡은 곳이다. 여기서는 전지구적인 자본이 (대부분 여성들인) 멕시코 노동자들의 값싼 노동력을 마음대로 주무르며, 노동조합이나 환경오염 통제 및 사회적 책임으로부터 벗어나 있고, 기술과 일자리를 들여왔다는 이유로 멕시코정부의 축복을 받는 동시에 초국적기업의 건강성을 보증한다는 이유로 미국정부의 장려를 받고 있다. 마낄라도라 산업단지는 '특별경제구역', 즉 자본의 전지구적 운동을 위한 특권적 공간들 중의 한 형태일 뿐인데, 전세계의 여러 정부들은 이러한 공간들을 통하여 국가의 주권과 발전이라는 허구를 유지하면서 초국적자본의 길목에 자리잡는다. 국가 안의 지역들, 때로는 한 국가 전체가 자유로운 자유무역지대가 되고자 하는데, 여기서 자유롭다는 것은 자본이 자유롭다는 뜻이며, 자본의 움직임 바깥에 있는 사람들은 경제적 여유가 있을 경우에나 자본의 산물들을 자유롭게 소비할 수 있을 따름이다. 경계영역은 중심을 이어받는다. 그리고 삶은 서로 다른 시간과 서로 다른 공간이 결합된 끝없는 종합국면으로서 경험된다. 서로 다른 가치의 양립이 삶의 조건이다. 그런데 이러한 양립이 변환되어 생기는 '무언가 다른 것'이란 무엇인가?

　자본주의가 이룬 많은 혁명 중의 하나는 주객관계를 변형시킨 것이며, 이와 함께 이론의 문제를 변형시킨 것이다. 자신의 전지구적 정복을 정당화하기 위해 타자를 객체화한 자본주의는 타자를 자본주의의 세계에 편입시켰기에 이제는 자신의 영역 안에 있는 모든 것의 공존을 인정해주는 수밖에 없다. 클리포드 기어쯔(Clifford Geertz)는 이렇게 말했다. "식민주의의 종말은 묻고 관찰하는 사람들과 물음을 받고 관찰을 당하는 사람들 간의 사회관계를 근본적으로 바꾸어놓았다. 인문학에서 그리고 실로 학문 일반에서 일어난 변화, 즉 맹목적인 사실과 정해진 절차들에 대한 그리고 상황에서 떼어낸 지식에 대한 믿음의 쇠퇴도 묻는 사

116

람들과 보는 사람들이 자신이 하려는 일에 대해 갖고 있는 생각을 마찬가지로 근본적으로 바꾸어놓았다."[2]

이전에 식민지였던 사회들이 (레나토 로쌀도 Renato Rosaldo의 말을 빌리자면) "문화적 비가시상태"로부터[3] 벗어난 까닭에 주체위치들이 번성하였듯이, 또한 그로 인해 사회들 **사이**에 위치하는 개별 주체의 내적 복합성이 그러한 위치가 갖는 모든 모순적 복수성을 띤 채로 공공연하게 드러날 수밖에 없었다. 다시 한번 기어쯔의 말을 인용해보자.

인류학자들의 주된 저술대상인 식민지 신민으로부터 주권을 가진 시민으로의 민중의 변화——일면 사법적이고 일면 이데올로기적이며 일면 현실적인 변화——는 (우간다, 리비아 혹은 캄푸치아에서 벌어지는 아이러니컬한 사태들이야 어떻든) 민족지학(民族誌學)적 행위가 일어나는 도덕적 맥락을 완전히 바꾸었다. 식민지가 아니라 '바다 한가운데' 있는 무명의 후배지(後背地)이며 외딴 제국들인 저 전형적인 이방들(elsewheres)——레비-스트로스(Levi-Strauss)의 아마존 혹은 베네딕트(R. F. Benedict)의 일본——조차도 분단(Partition), 루뭄바, 쑤에즈 그리고 베트남이 세계의 정치문법을 바꾼 이래로 전혀 다르게 보인다. 더 최근에는 마치 캡슐에 싸여진 듯한 여러 민족들——프랑스의 알제리인, 쿠웨이트의 한국인, 런던의 파키스탄인, 마이애미의 쿠바인——이 상이한 정신적 기질의 분포 간격을 좁힘으로써 이 과정을 확대하였을 뿐이다. 물론 제트기 여행 역시 그러했다. 어제까지만 해도 인류학적 저술의 주된 전제들 중의 하나였던 것, 곧 대상과 청중은 분리 가능할 뿐만 아니라 도덕적으로 무관하다는 생각, 대상은 서술되지만 수신자가 되지는 않으며, 청중은 정보를 받지만 연루되지는 않는다는 생각은 거의 다 사라졌다. 세계는 여전히 구획되어 있으나 이제 그 사이의 통로들은 훨씬 더 많고 단속도 훨씬 덜하다.[4]

---

2) Clifford Geertz, *Works and Lives: The Anthropologist as Author* (Stanford, CA: Stanford University Press 1988), 131~32면.

3) Renato Rosaldo, *Culture and Truth: The Remaking of Social Analysis* (Boston: Beacon Press 1989), ix면. 로쌀도는 Adrienne Rion으로부터 이 개념을 추출해냈다.

4) C. Geertz, 앞의 책, 132면.

그 결과는 로쌀도에 의해 이렇게 요약된다. "새로워진 문화개념은 이렇듯 통일된 실체('하나의 문화')에 준거하기보다는 일상적인 삶의 실상에 준거한다. …민족지학자들은 동질적인 공동체들을 찾기보다는 공동체 안의 그리고 공동체들 사이의 경계지대들을 찾는다. 그러한 문화적 경계지대들은 관찰하기 좋게 멈추질 않고 항상 움직인다."[5]

이러한 곤경은 '포스트모더니즘'이라는 이름으로 통하는 지배적인 문화적·이론적 패러다임(들)을 설명해준다. 포스트모더니즘은 유연생산 시대의 전지구적 조건을 명료하게 표현하는 가운데 과거로부터 물려받은 역사관과 사회관이 가진 강압적인 단선성에 도전함으로써 이론적으로 크게 기여하였다. 그러나 이러한 성취의 정치적 대가는 역사에서 주체를 폐지하여 정치적 행동의 가능성을 파괴하거나 아니면 행동을 이러저러한 산만한 주체위치들에 귀속시켜 그 결과 이러저러한 종류의 자아에 자기도취적으로 몰두하게 된 것이었다.

목적론적인 사회적 범주들(계급, 성, 민족 등)에 내재한 주체위치들을 무너뜨리고 난 후의 과제는 새로운 급진적인 전망들에 따라 다시 한번 주체를 재구성하는 일이다. 만일 '게릴라 마케팅 담당자들'이 전세계의 대중들을 소비하는 주체로서 재구성하기 위해 주체성을 와해할 수 있다면, 자본주의에 대한 급진적 비판가들 또한 그만한 일을 못할 게 없다. 지금까지는 전자가 후자에 대해 우위를 점하고 있는 것처럼 보일 것이다. '게릴라 마케팅 담당자들'은 자신들이 세계로부터 원하는 것을 안다. 닻 역할을 했던 과거의 전망들을 박탈당한 급진적 비판가들 대부분은 서로를 갉아먹으며 기호, 환상, 육체 등의 영역으로 점점 더 깊이 빠져들고 있다.

경계영역은 현재 삶의 조건이다. 경계영역에서 어떤 종류의 주체위치들이 가능한가? 이 질문에 추상적으로 대답하기란 불가능하다. 경계영

---

5) R. Rosaldo, 앞의 책, 217면.

역은 정의상 모호하며 모순들로 가득 차 있기 때문이다. 더 중요한 점은 경계영역은 하나하나가 다 다르다는 사실이다. 현상황에서 주체의 재구성이란 지역적이고 제한적일 수밖에 없으며, 선험적인 이론적 범주들로부터 나오는 것이 아니라 억압과 헤게모니에 대한 다면적인 투쟁의 과정에서 생긴다.[6] 앤젤두어의 말을 바꾸어 표현한다면 성, 계급, 민족이란 서로 무관하게 존재하거나 사회적 범주들의 총합으로 존재하는 '역할'이 아니라, 동일한 주체성 혹은 사회집단을 구성하는 요소들이다. 이것들은 상이한 상황에서는 상이하게 재구성될 수 있는데, 다만 소외의 여러 양식들을 표현하는 일과는 다른 목적에 복무하려면 반드시 재구성되어야 한다. 자본이 일으키는 추상작용들을 거부하는 것은 이러한 목적으로 향하는 데 필수적인 첫 단계이다. 공통의 인간성 그리고 자연과 인간의 유대에 대한 재긍정——이 점에서 근대적인 것과 탈근대적인 것은 전근대적인 것에서 다시 배울 것이 많을 것이다——은 그 이론적 '원시주의'(primitivism)가 전망으로서 아무리 '부드러워' 보일지라도 필수적인 목표이다. 전망으로 향하는 중간 도정에서는 난디가 말하는 '함께 고통 당함'의 원인이 되는 문제들을 정면으로 직시할 필요가 있다. 이 문제들을 인정하기를 회피하는 것은 과거의 어느 때보다 어렵다. 상황의 다양성에도 불구하고, 우리는 그들과 마찬가지로 경계영역에서 살기 때문이다.

탈식민성

포스트모더니즘은 공적 책임감을 공중(a public)이라는 개념 자체에 이르기까지 파괴하는 데 일조해 정치를 '정체성의 정치'로 바꿈으로써

---

6) 더 상세한 논의를 위해서는 졸고 "Culturalism as Hegemonic Ideology and Liberating Practice," *Cultural Critique 6* (Spring 1987), 13~50면 참조.

자신이 애초에 비판하려고 한 것을 패러디한다. 이 패러디는 전지구적 자본에 의하여 창출되는 사회적·정치적·문화적 관계들의 이데올로기적 공고화에 슬며시 가담한다.

이같은 곤란한 상황은 최근 눈에 띄는 포스트모더니즘의 한 갈래——이른바 탈식민적 담론 혹은 이론——에 의해 설득력있게 예시된다.[7] 탈식민적 담론은 두 가지 이유에서 이 자리에서 논의하기에 특히 적절하다. 첫째, 탈식민적 담론은 그 표적이 식민적 담론 일반이라고는 하지만 식민주의와 억압 일반에 대한 이전의 급진적 비판들——특히 맑스주의——에 도전하는 데 특별한 관심을 갖는다. 둘째, 탈식민적 담론은 그 범위가 전지구적이며, 그것이 제기하는 문제들도 (이 글에서 논하는 문제들과 매우 유사한 것들로서) 전지구적이다. '포스트(탈)'가 붙은 다른 단어들과는 달리 탈식민주의는 예전에 '제3세계'라 불리던 지역을 자신의 고유한 출처로 주장한다. 따라서 이 담론은 유럽·미국의 문화비평의 중심지들에서 생긴 지적 관심과 방향을 확대함으로써, 그리고 이전의 정치적 및(혹은) 이데올로기적 식민주의의 주변부로부터 이제는 중심부에서 귀기울여주기를 요구하는 목소리들과 주체성들을 이 중심부로 도입함으로써 문화적 담론의 진정한 전지구화를 달성하려 한다.

'탈식민적 담론'의 열렬한 지지자인 가이언 프래커시(Gyan Prakash)는 다음의 진술에서 그 주요한 주제들을 설득력있게 표명한다.

최근 탈식민적 비판의 출현이 낳은 한 가지 뚜렷한 효과는, 식민주의와 서구의 지배에 의해 창시되고 인가된 지식형태들과 사회적 정체성들을 근본적으로 다시 생각하고 다시 정식화하도록 한 것이었다. 이런 점에서 탈식민적 비판의 출현은 지식의 분야에서 파문을 일으켰다. 이는 식민주의와

---

7) '탈식민주의'에 대한 이어지는 논평을 상론한 것으로는 졸고 "The Postcolonial Aura: Third World Criticism in the Age of Global Capitalism," *Critical Inquiry*, 20. 2 (Winter 1994), 328~56면 참조.

그 유산들이 최근까지 문제시되지 않은 채로 있었다는 말은 아니다. 식민주의에 강력히 도전한 것으로 민족주의와 맑스주의가 곧바로 머리에 떠오른다. 그러나 이 둘은 유럽을 중심에 두는 거대서사들과 함께 작용하였다. 그리하여 민족주의가 오리엔탈리즘적 사고를 역전시켜서 종속된 민족에게도 역사와 능동적 행위가 가능하다고 보았을 때, 민족주의는 식민주의가 세워놓은 이성과 진보에 기반을 둔 질서에 대한 주장도 함께 한 셈이었다. 그리고 맑스주의자들이 식민주의에 칼을 씌웠을 때, 그들의 비판은 보편주의적인 생산양식론 서사로 틀지어졌다. 반면에 최근의 탈식민적 비판은 서유럽이 걸어간 궤도가 제도화되고 서유럽이 타자를 역사로 전유함으로써 산출된 유럽중심주의를 무너뜨리려고 한다. 그러나 탈식민성은 역사를 한눈에 볼 수 있을 만큼 거리를 둔 위치에서 태어나고 길러진 것이 아니라는 깨달음이 여기에 수반된다. 탈식민적인 것은 결과로서 존재하며, 식민주의가 작용한 이후에 존재하는 것이다. 지배의 담론들이 언표되는 가운데 형성된 비판은 서유럽 지배의 역사의 바깥도 아니고 안도 아니면서도 그 역사에 접하는(tangential) 관계에 있는 공간을 점한다. 이것이 바로 호미 바바(Homi Bhabha)가 말하는 실천과 협상의 중간적·잡종적 위치요, 혹은 가야트리 차크라보르티 스피박(Gayatri Chakravorty Spivak)이 "가치약호화(value-coding)의 도구를 전도하고 대체하며 탈취하는" 비유의 오용(catachresis)이라고 칭한 것이다.[8]

---

8) Gyan Prakash, "Postcolonial Criticism and Indian Historiography," *Social Text* 31/32, 8~19면, 인용은 8면. 내가 '탈식민성'에 대한 프래커시의 논의를 사용하는 것은 그가 '탈식민성'의 개념에 대한 가장 체계적인 설명을 시도하였기 때문이며, 또한 그의 논의가 그 개념이 역사이해에 대하여 갖는 함축을 부각시켰기 때문이다. 이 진술이 드러내는 바처럼 프래커시 자신은 영감을 얻기 위해서 다른 사람들, 특히 호미 바바가 서술한 '탈식민적' 의식의 특징들에 크게 의존하는데, 호미 바바는 탈식민성 논의에서 '잡종성'이라는 어휘와 그외의 용어들이 부각되는 데 기여하였다. 그러나 바바의 저작은 탈식민주의의 어휘에만 기여한 것은 아니다. 그는 자신이 정치적 신비화와 이론적 모호화에 있어, 사회적·정치적 문제들을 심리적 문제들로 환원하는 데 있어, 그리고 역사적·사회적 설명 대신에 탈구조주의적 언어조작을 사용한 데 있어 상당한 대가임을 입증하였다. 이러한 문제점은 많은 탈식민적 글에서 나타나지만, 그에게서처럼 정교하게 (그리고 이해할 수 없게) 나타나는 경우는 드물다. 더 영향력있는 글들 중 일부에 대해

이 주제들을 다듬어 정리하면 다음과 같다. ① 탈식민적 비판은 모든 거대서사를 거부하며, 현재 가장 강력한 거대서사는 계몽주의 이후 유럽의 역사구성의 산물로서 유럽중심적이기에, 유럽중심주의에 대한 비판을 중심적 과제로 삼는다. ② 이 거부해야 할 거대서사들 중에서 가장 주된 것은, 부르즈와적 형태로 나타나든 맑스주의적 형태로 나타나든 근대화의 서사이다. 부르즈와적 근대화('발전지상주의')는 '식민적 근대성'의 혁신과 재배치(redeployment)를 '경제적 발전'으로 본다.[9] 맑스주의는 부르즈와적 근대화를 거부하면서도 탐구를 생산양식의 한 서사로 틀지음으로써 이 근대화론이 가진 목적론적 전제들을 영속화하는데, 이 생산양식의 서사에서는 탈식민적 역사가 자본주의로의 이행(혹은 좌절된 이행)으로 나타난다.[10] 여기에 덧붙일 필요가 있는 것은 생산양식의 서사를 거부하는 것이 반드시 맑스주의를 거부하는 것을 뜻하지는 않는다는 점이다. 탈식민적 비판은 강한 맑스주의적 영감(靈感)을 인정하기 때문이다.[11]

서는 "Of Mimicry and Man: The Ambivalence of Colonial Discourse," *October* 28 (1984), 125~33면; "The Commitment to Theory," *Questions of Third World* Cinema, ed. by Jim Pines and Paul Willemen (London: BFI Publishing 1989), 111~32면; "The Other Question: Difference, Discrimination and the Discourse of Colonialism," *Literature, Politics and Theory*, ed. by F. Barker, P. Hulme, I. Iversen and D. Loxley (London and New York: Methuen 1986), 148~72면; Homi Bhabha, ed. *Nation and Narration* (London and New York: Routledge 1990)에 실린 그의 글들 참조. 바바는 제1세계적 문화비평의 언어로 완전히 재가공된 제3세계 지식인의 주된 사례이다.

9) G. Prakash, "Writing Post-Orientalist Histories of the Third World: Perspectives from Indian Historiography," *Comparative Studies in Society and History* 32, no. 2 (1990), 383~408면. 인용은 393면.

10) 같은 글, 395면. 또한 Dipesh Chakrabarty, "Post-coloniality and the Artifice of History: Who Speaks for 'Indian' Pasts?" *Representations* 37 (Winter 1992), 1~26면, 특히 4면 참조.

11) G. Prakach, "Postcolonial Criticism and Indian Historiography," 14~15면; Gayatri C. Spivak, *The Post-Colonial Critic: Interviews, Strategies, Dialogues*, ed. by Sarah Harasym (New York and London: Routledge 1990) 참조.

122

③ 두말할 나위 없이 식민지를 유럽의 타자로 구성하고 그런 그 타자를 역사 없는 본질로 환원하는 오리엔탈리즘은 거부되어야 한다. 그런데 이와 함께 민족주의도 거부되어야 하는데, 민족주의는 오리엔탈리즘에 도전하면서도 오리엔탈리즘의 재현절차들뿐만 아니라 (역사 속에서 민족적 본질을 긍정함으로써) 그 본질주의도 영속화했기 때문이다.[12]
④ 과거 제3세계의 역사를 짜맞추는 데 사용되었던 거대서사들 속에 내장된 유럽중심의 헤게모니적 전제들을 처리하기 위해서는 거대서사를 거부해야 한다. 또한 모든 공간적 동질화와 시간적 목적론에 저항하는 것이 필요한데, 이는 다시 모든 '토대론적' 역사서술의 거부를 필요로 한다. 프래커시에 의하면 토대론적 견해는, "이질성으로 더이상 분해되기를 거부하는 어떤 정체성——개인, 계급 혹은 구조——에 역사가 궁극적으로 토대를 두며 그 정체성을 통해 재현될 수 있다"고 전제한다.[13] '토대론적' 역사서술의 거부로부터 나오는 가장 의미심장한 결론은, "인도의 역사를 자본주의 발전의 관점에서 주제로 다루면서 동시에 자본주의에 의한 현 세계의 동질화에 맞설 수는 없다"[14]는 근거에서 자본주의를 '토대론적 범주'로 보고 거부하는 것이다. (이러한 논리에 따르면 인도 대신 제3세계에 속하는 어떤 나라를 대입해도 마찬가지임은 명백하다.)
⑤ '탈토대론적 역사'는 본질과 구조를 거부하고 이질성을 긍정하는 가운데, '제3세계적 주체'를 '고정'하는 태도와 그에 따라 제3세계를 범주로 고정하는 태도 또한 거부한다.

제3세계를 종교성, 저발전, 가난, 민족성, 비서구성(非西歐性)과 같은 환원 불가능한 본질들로 이루어진 것으로 보는 사고방식들을 거부하는 것

---

12) G. Prakash, "Writing Post-Orientalist Histories of the Third World," 390~91면.
13) 같은 글, 397면.
14) G. Prakash, "Postcolonial Criticism and Indian Historiography," 13면.

은… 본질주의적 범주들——동과 서, 제1세계와 제3세계——이 우리의 사유 속에 자리잡고 있는 조용한 현존의 상태를 흔들어놓는다. 이러한 파열은 제3세계를 역사 속에서 담론에 의해 표현되어온 다양한 과도적 위치들로 다루는 것을 가능케 한다. 이렇게 보았을 때 오리엔탈리즘적·민족주의적·맑스주의적 역사서술 및 기타의 역사서술들은 그들의 지식대상, 즉 제3세계를 구성하려는 담론상의 노력으로서 시야에 드러난다. 그 결과 제3세계는 고정된 본질적 대상으로 나타나기보다는 일련의 위치들로서 (본질주의를 언표하는 위치들까지 포함하여) 나타난다.[15]

여기서 주목할 가치가 있는 것은, 위의 진술이 자본주의와 구조를 '토대론적 범주'라 하여 거부하는 동시에, 세계 안의 역사들이 아무리 이질적이고 '서로 어긋난다' 하더라도 그 세계를 자본주의적으로 구조짓는 움직임을, 역사를 구성하는 계기로 언급하지는 않는다는 점이다. ⑥ 마지막으로 탈토대론적 역사관의 접근법은 "제3세계적 정체성들을 본질적이라기보다는 관계적인 것으로" 본다.[16] 탈토대론적 역사관(이 또한 탈식민적 역사관이다)은 관심을 '민족적 기원'에서 '주체위치'로 옮긴다.

(결과적으로——지은이) 제3세계적 위치들의 형성은 고립보다는 참여를 시사한다. 이 글에서 밝혀낸 모든 제3세계적 목소리들이 어떤 자율적인 본질로부터 시작하지 않고 '서구'에 익숙한 담론들 안에서 그리고 그런 담론들에게 말한다는 점을 간과하기는 어렵다. 그런데 이것이 제3세계의 역사서술이 항상 종속적이었다는 결론을 보장해주지는 않는다. 오히려 동과 서의 경계를 용의주도하게 유지하고 감시했는데도, 이 경계를 넘어가고 이 경계에 거스르는 흐름들을 멈추게 하는 데 성공한 적이 없으며, 자아–타자의 대립이 모든 차이들을 이원적 대립으로 정렬할 수는 없었다는 결론이 가능하다. 제3세계는 그 할당된 공간에 국한되기는커녕 '제3세계화'되는

---

15) G. Prakash, "Writing Post-Orientalist Histories of the Third World," 13면.
16) 같은 글, 399면.

과정에서 제1세계 내부의 성역으로 침투하여 제1세계에 있는 종속된 타자들을 일깨우고 선동했으며, 또 그들과 제휴하였다. 제3세계는 경계와 장벽을 가로질러 제1세계의 소수집단——사회주의자들, 급진주의자들, 여성해방론자들, 소수민족들——의 목소리들과 결합하였다.[17]

이 진술에서 드러나는 현재의 전지구적인 관계들에 대한 탈식민주의적 입장을 (그리고 세계에 대한 종래의 개념화를 넘어선다는 탈식민주의의 주장을) 잘 나타내는 확언들을 부각시켜보면 다음과 같다. ① 관심을 민족적 기원에서 주체위치로 옮길 필요가 있으며, 따라서 '장소의 정치'(politics of location)가 고정된 범주들에 기반한 정치보다 우위에 놓여야 한다(이 경우에 민족이 그러한 범주지만, 무엇보다도 제3세계와 계급과 같은 범주들도 분명히 연관된다). ② 제1·제3세계라는 위치는 서로 교체될 수는 없지만 그럼에도 불구하고 매우 유동적인데, 이 점은 이 위치들의 관계를 명료하게 표현할 때 이항대립을 거부하지는 않더라도 제한할 필요가 있음을 암시한다. ③ 이 관계를 형성하는 데는 지역간 상호작용이 전지구적 구조보다 우선적인데, 이는 이 관계들이 그 구조의 '고정성'보다는 이질성의 측면에서 역사적으로 가장 잘 파악될 수 있음을 의미한다. ④ 이러한 결론들은 탈식민적 주체의 '잡종성' 혹은 '중간자적 속성'으로부터 나오는데, 이는 고정된 범주들이나 이원적 대립이라는 틀 안에 담기지 않는다. ⑤ 탈식민적 비판은 탈식민적 주체에 초점을 맞추고 그 주체 외부에 있는 세계에 대한 설명은 배제하였으므로 탈식민성이 함축하는 전지구적 조건은 기껏해야 탈식민적 주체성과 인식론의 투사로 나타난다. 바꾸어 말하면 이전에는 세계가 현재 '탈식민적' 비판의 대상인 인식론들에 의하여 구성되었던 것과 마찬가지로, 이제는 '탈식민적' 주체의 구성에 걸맞게 세계의 담론적 구성이 이루어져야 한다는 것이다.

---

17) 같은 글, 403면.

'탈식민주의'는 "어떻게 지배적인 급진이론들 '자체가 긴 유럽 식민주
의의 역사와 연루되어왔는가'에 관한, '그리고 무엇보다도 (그 이론들이
—지은이) 현재의 제도적 관행들——학술제도의 경계를 넘어서는 관행
들——의 조건들뿐만 아니라 지식의 제도적 조건들을 계속적으로 결정
짓는 정도'에 관한 이론적 문제들을 제기하는 탈구적(dislocating) 담론
으로 설명되어왔다."[18] 이러한 관행들에 맞서서 '탈식민주의'는 "차이와
투쟁의 정치의 우선성"을 주장하는데, 그렇다고 해서 고정된 주체위치
들을 전제하는 대립으로 차이를 사물화하지 않는다. 코넬 웨스트
(Cornel West)에 따르면 "차이의 문화적 정치"는 "다양성과 다채로움 그
리고 이질성의 이름 아래 단층적(單層的)이고 동질적인 것을 내다버
릴" 필요와, "구체적이고 특수하고 특별한 것에 비추어 추상적이고 일반
적이고 보편적인 것을 거부할" 필요, "우연하고 잠정적이며 가변적인
것, 임시적이고 한시적이며 변화하는 것을 부각함으로써 역사화하고 맥
락화하고 복수화(複數化)할" 필요가 있음을 전제한다.[19]

차이의 정치는, 그 투쟁의 성격과 투쟁주체 자체가 모두 우연적이고
모순적이며 복합적인, 장소와 정체성의 정치라고 결론짓는 것이 공정할
듯하다. 그러한 주체들은 "경계를 가로지르는 사람들"로서 다수의 주체
위치들을 점할 수 있는데, 이는 그 주체들이 본래적으로 복합적이고 모
순적이며, "대안적인 공적 영역들을 창출하는 노력에 관여"하기 때문이
다.[20]

탈식민적 담론의 주창자들은 탈식민적 담론이 급속히 인기를 얻은 원
인을 이전의 급진적 비판이 갖는 결함을 치유하거나 넘어서는 데 효율

---

18) H. Giroux, *Border Crossings: Cultural Workers and the Politics of Education* (New
   York and London: Routledge 1992), 20면에서 재인용.
19) Cornel West, "The New Cultural Politics of Difference," *October* 53 (Summer
   1990), 93면. H. Giroux, 앞의 책, 20면에도 인용되어 있음.
20) H. Giroux, 앞의 책, 21~22면.

적이라는 점으로 돌린다. 나는 반대로 탈식민적 담론이 전지구적 자본주의하 세계상황의 이데올로기적 요구에 공명한다고 말하고 싶은데, 이는 자칭 급진주의자들뿐만 아니라 전지구적 자본의 경영자들 사이에서도 탈식민적 담론이 인기를 누리고 있는 사실을 설명해준다. 그 이유는 간단히 지적할 수 있다. 이 지적은 내가 여기서 취하는 입장을 탈식민적 담론이 취하는 입장으로부터 구분하는 데 도움이 될 것이다. 이러한 구분이 필요한 것은 앞서 개진한 나의 논의의 많은 부분이 탈식민적 주장의 중요한 측면들과 겹치기 때문이다.

① 탈식민주의는 유럽중심주의를 주요 비판대상으로 만들면서, 현재의 억압과 불평등의 문제로부터 관심을 돌려 과거의 유산에 초점을 맞춘다. 권력은 탈식민적 담론에서 잔존적 권력으로 나타나며, 또한 문화(유럽중심적 메타서사들)가 강조되는 까닭에 문화비평에 의해 처리될 어떤 것으로 나타난다. 또한 탈식민적 주장은 자본주의에 '토대론적' 위치를 부여하기를 거부함으로써 현 자본주의하에서 새로운 권력형태가 생성되고 억압과 불평등이 생성된다는 사실을 감춘다. 유럽중심주의에 대한 탈식민주의의 대안은 다문화주의이다. 전지구적 불평등의 문제에 대한 이같은 탈식민적 '해결책'은 전지구적 자본주의의 이데올로기와 일치한다. 초국적으로 작용하는 전지구적 자본주의는 전지구적 자본의 중심이 여전히 유럽과 북미에 영토를 두고 있었던 지난날의 문화적 유럽중심주의를 더이상 누릴 수가 없는 것이다.

② 세계의 자본주의적 구조화를 부정하고(따라서 식민주의와 신식민주의, 세 개의 세계들 등을 부정하고) 지역간 조우의 우선성과 분화현상을 강조하며, 통일된 주체성과 '이원주의'를 거부하고 '잡종성'과 '다문화주의'를 선호하며, 유동적인 관계들과 전위(轉位) 가능한 주체위치들을 긍정하는 탈식민적 담론은, 종종 전지구적 자본주의 아래서의 삶의 모습에 관한 묘사 비슷한 것으로 읽힌다. 그러나 탈식민적 주장은 이 현상들을 새로운 형태의 억압과 탈구와 소외가 드러난 것으로 보기보다

는 해방을 여는 열쇠로 제시한다. 또한 탈식민적 주장은 이 현상들을 다시 과거로 투사하여 식민주의의 유산을 문제삼고, '저발전'의 짐을 '저발전을 겪는 사람들' 자신들에게로 옮겨 지우며, (구조에 맞서서) 역사성의 이름으로 억압과 불평등의 기억을 역사의식에서 지움으로써 현재에 대한 비판적 전망의 한 원천인 과거를 폐지한다. 이 점에서 탈식민주의는 전지구적 자본주의의 이데올로기와 일치하는데, 전지구적 자본주의는 '우리와 그들' 사이의 구분을 폐지하려 하며, '흔적 기억'의 존속을 현재를 다루는 데 가장 커다란 장애물로 인식하는 것이다.[21] 어느 경우에든 모더니즘의 모순들이 지워지고 미래를 현재의 근대성과 동일시하는 근대화가 산출된다.

③ 탈식민주의는 고정된 정체성에 대립하는 것으로 '경계영역'을 강조하는데, 탈식민적 담론이 문화비평에서 우세해짐에 따라 제목에 '경계'(border)를 넣은 저작들이 최근에 많이 나타나는 현상이 아마도 이로부터 설명될 것이다. 경계영역은 '차이의 정치'가 이루어지는 장소, 문화와 주체성의 상호접합이 이루어지는 장소를 제공한다. 그러나 많은 탈식민적 비판에서 경계영역들은 몰역사적이고 은유적인 모습을 띠고 나타난다. 경계영역은 표면에서는 동등한 문화적 교류의 장소로 나타날지 모른다. 그러나 경계영역이란 역사적 불평등의 산물이며, 그 역사적 유산은 여전히 그 지역에 들러붙어 있다. 내가 앞에서 "우리는 모두 경계영역에서 산다"라고 한 진술을 생각해보건대, 우리는 모두가 동일한 경계영역에서 사는 것이 아니며, 차이의 긍정이 모든 차이가 동등함을 뜻하지는 않음을 강조할 필요가 있다.[22] 근본적인 불평등이 존속하는

---

21) Robert B. Reich, *The Work of Nations* (New York: Alfred A. Knopf 1991), 5, 154~68면.

22) 나는 이 절의 초고에 대하여 논평해준 메이번 램(Maivan Lam)에게 감사한다. 그는, 우리 모두가 경계영역에 있기는 하겠지만 나와 같은 위치에 있는 누군가가 '에이즈로 고통받는 뉴욕 거리의 흑인'과 동일한 경계영역에 있기는 어렵다는 점을 지적해주었다.

한 불평등한 위치들을 가로질러 일어나는 문화적 교류들 또한 불평등의 표시가 나게 마련이다. (다만 초국적 동질성 및 평등성과 유사한 어떤 속성을 성취한 '초국적 자본가계급'과 같은 집단 및 계급 사이의 교류는 예외가 될 터인데, 이들은 자신들의 성공에 의해 주변화된 사람들은 외면하면서 그들 고유의 '다문화주의'를 찬양할 수 있다.) 더욱이 이러한 불평등성은 은유적이지 않고 과거 문화적 태도들의 단순한 유산도 아니며, 자본의 지속적인 작용의 산물이다. 여기서도 '경계영역'이 강조되는데, 이 경우 경계영역은 다름아닌 전지구적 자본의 작용의 산물이다. 마낄라도라와 특별경제구역들은 '경계영역'의 모범적 사례들이다. 이 지역들은 평등한 교환을 증진하기 위하여 존재하는 것이 아니라, 노동착취를 더 효율적으로 하기 위하여 존재한다. 만일 경계영역들이 현재 구성된 대로 무언가를 해방한다면 그 해방의 대상은 바로 자본이다. 따라서 경계영역은 해방구를 가리키는 것이 아니라 해방의 과제에 새로운 문제들을 제기하는 구역들을 가리키며, 도착점이 되기는커녕 기껏해야 출발점이 될 수 있을 뿐이다.

④ 탈식민성은 (탈근대성처럼) 유동적인 주체위치들을 요구하며, 전지구적 자본주의도 그렇다. 게릴라 마케팅의 담당자들은 일상생활을 토대로 주체성을 재구성함으로써, 늘 새로워지는 생산물들의 마케팅 요구에 소비자들을 맞추고자 한다. 자본은 노동에게 유연성을 요구한다. 즉 생산의 욕구에 따라 유동하는 노동시간에 맞추기를 요구하고, 생산이 요구하는 대로 한 종류의 일로부터 다른 종류의 일로 즉각 전환할 태세가 되어 있기를 요구하며, 따라서 항상 '재정비'하기를, 유연생산에 맞출 수 있도록 스스로를 '개조'하기를 요구한다. 생산현장에서 '주체의 죽음'에 상응하는 것은 '노동자의 죽음'이다. 칼 맑스는 "살기 위해 일하는 것"과 "일하기 위해 사는 것"을 구분하여, 소외된 노동과 소외되지 않은 노동을 나눴다. 소외된 노동에서 노동자는 **"자신의 노동의 산물과 마치 그것이 낯선 대상인 양 관계를 맺으며"**, 이는 다시 노동자를 그/그녀의

"유적 존재"로부터 소외시킨다고 맑스는 썼다. 그 결과 "노동자는 일을 안할 때 편안하고, 일을 할 때는 편안하지 않다."[23] 맑스는 노동의 존엄성을 믿었으며, 노동이 인간의 "유적 존재"의 표시라고 믿었다. 자본은 시작부터 노동자들의 숙련성을 제거하여 노동자를 가능한 한 기계의 부속물에 가까운 존재로 만듦으로써 노동자들로부터 해방되고자 노력해왔다. 그리고 이제 자본은 이러한 목표를 달성하는 데 근접했다. 날마다 재정비될 수 있는 노동자란 생산을 흉내내는 존재에 지나지 않으며, 그 결과 소외된 노동 자체는 더이상 비판적 개념으로서 의미를 갖지 못한다. 리치의 "관례적 생산"(routine production)과 써비스 노동자들은 "관례"를 따르는 능력 이상의 기술을 별로 필요로 하지 않는다. '상징분석가들'은 여전히 여러 기술들을 발휘한다. 하지만 그것은 생산물들을 위한 시장들 못지않게 스스로를 조작하고 탈구하는 기술일 따름이다. 생산과 소비의 과정에서 '올려다'보면 유동적인 주체위치에 대한 탈근대적 주장들은 문화비평의 영역에서 자신이 가지고 있는 자비로운 모습을 잃고 실제의 면모, 즉 소외의 물신화라는 면모를 드러낸다.

⑤ 그렇다면 탈식민적 담론에 의하여 제기되는 문제들은 삶의 물질적 조건으로부터——이 경우에는 현재의 사회를 전지구적으로 '토대'짓는 원리인 전지구적 자본주의로부터——이탈하는 해방적 담론의 문제로 요약될 수 있다. 탈식민적 담론은 이데올로기 비판으로 의도되었으면서도 그 자체가 현상황의 이데올로기적 표현(articulation)이 된다. 그 비판의 날은 '과거'의 급진적 입장들에 향해 있는데, 다른 한편으로 그것은 자본주의에 관한 한 적어도 비판의 날을 무디게 하며, 최악의 경우에는 전지구적 자본주의의 사회적 결과들을 그 자신의 유토피아 속에 편입시킬 수도 있다. 탈식민적 담론은, 경계영역의 주체위치들이 '다수적

---

23) Karl Marx, *The Economic & Philosophic Manuscripts of 1844*, ed. with an Introduction by Dirk J. Struik (New York: International Publishers 1964), 106~27면, 인용은 110면.

이고 복합적이며 모순적'임에도 불구하고 맥락에 따라서는 (일시적일지라도) 정합성과 방향성을 띠는 까닭에, 그 맥락의 분석이 중요성을 갖는다는 사실을 무시(하거나 위장)한다. 탈식민적 담론이 그러한 맥락의 분석을 경시하는 이유는 아마도 그러한 종류의 분석이 맑스주의 냄새를 너무 피우기 때문인 듯하다. 이와 함께 경시되고 있는 것은 '탈식민적 담론'이 속한 지역이 바로 제1세계의 학술기관들이라는 점이다. 이곳에서는 '탈식민적 지식인들'이 초국적 자본가계급과 마찬가지로 전지구적 자본주의의 산물인 초국적 지식인계급의 구성원으로서 특권적 위치를 차지한다. 전지구적 자본주의는 시간과 공간의 개념들을 뒤섞었다. 또한 정치적 입장들도 뒤섞어서 오늘날 '급진주의자들'이 마치 권력의 이데올로그들처럼 들리는 경우가 드물지 않다.

모순, 중층결정, 이론과 역사: 해석학으로서의 맑스주의

우리는 진행중에 있는 모든 모순들을 동등한 것으로 간주해서는 안되며, 주요 모순과 부차적 모순을 구별해야 한다. 그리고 주요 모순을 파악하는 데 특별한 주의를 기울여야 한다. 그러나 주요 모순이든 부차적 모순이든 어떤 모순이 주어졌을 때 두 모순되는 측면들은 대등한 것으로 간주되어야 하는가? 역시 아니다. 어떤 모순에서든 모순되는 측면들의 전개는 불균등하다. 때로 이 측면들은 균형을 이루는 듯 보이지만 이는 일시적이거나 상대적이다. 불균등성이 기본적이다. 두 모순되는 측면들 중에서 하나는 주요하고 다른 하나는 부차적이게 마련이다. 주요한 측면은 모순에서 주도적인 역할을 하는 측면이다. 한 사물의 성격은 주로 어떤 모순의 주요한 측면, 즉 주요한 위치를 점한 측면에 의해 결정된다.

그러나 이런 상황은 정태적이지 않다. 어떤 모순의 주요한 측면과 부차적 측면은 상호전화하며 이에 따라 그 사물의 성격도 바뀐다. 예를 들어 어떤 주어진 과정에서 혹은 어떤 모순이 전개되는 일정한 단계에서 A는 주요

한 측면이고 B는 부차적 측면이라고 하자. 다른 단계 혹은 다른 과정에서
는 역할이 뒤바뀐다. 이는 한 사물의 발전과정에 있어서 각각의 측면이 상
대에 대해서 투쟁하는 힘의 증감의 정도에 의해 결정되는 변화이다.[24]

마오는 부르즈와와 프롤레타리아, 식민주의와 반식민주의, 자본주의
와 봉건주의와 같은 범주들에 주로 관심을 갖고 있었으며, 맑스주의적
목적론에 따라 모순들을 해소하려고 했다. 목적론으로부터 분리되어 다
른 범주들에 개방된 모순개념은 사회관계——서로 다른 역사적 맥락 속
에서 나타나기에 서로 다르게 마련이며, 서로 다르게 구성되는 까닭에
동일한 (동질적인) 방식으로 재구성되기 어려운 사회관계——에 대한
하나의 해석학을 제공한다. 여기서 사회관계는 그 개별적 특수성을 통
하여 사회분석의 범주들 자체를 역사화한다.

모든 대립물의 경우에도 같다. 주어진 조건에서 한편으로 대립물들은 서
로 대립한다. 그러나 다른 한편으로 그것들은 상호연관되며 상호침투하고
상호의존적이다. 이러한 성격은 동일성이라고 칭해진다. 일정한 조건에서
모든 모순적인 측면들은 비동일성의 성격을 가지며 따라서 모순 속에 있다
고 칭해진다. 그러나 이 측면들은 또한 동일성의 성격을 가지며 따라서 상
호연관된다. 어떻게 (대립물들이 — 지은이) 동일할 수 있는가? 각자가 다
른 쪽의 실존의 조건이 되기 때문이다.[25]

동일성이 중층결정되는 곳에서 동질화는 억압에 의해서만 혹은 이데
올로기 조작에 의해서만 달성될 수 있다. 마오는 이를 인식하였으나 이
것을 무시하는 쪽으로 나아갔다. 국민당계 맑스주의자인 타오시성(陶
希聖)은 맑스주의가 진정으로 과학적이라면 맑스주의적인 분석이 서로

---

24) Mao Zedong, "On Contradiction," *Selected Works of Mao Tse-tung*, vol. 1 (Peking:
   Foreign Languages Press 1965), 333면.
25) 같은 글, 338면.

다른 상황에 적용되었을 때는 서로 다른 결과를 낳을 것이라고 주장한 바 있다. 그는 화학적 분석의 예를 사용하였다. 물을 화학적으로 분석하면 소금을 분석할 때 산출되는 것과는 다른 집합을 낳는다는 것이다.[26]

라쁠랑쉬(J. Laplanche)와 뽀르딸리(J. B. Portails)의 설명에 따르면 '중층결정'이라는 프로이트의 개념은 "무의식의 구성체들(즉 주체성의 구성체들—지은이)은 복수(複數)의 요인들로 소급될 수 있다"는 점을 시사하는데, 이는 다음과 같이 서로 다른 의미로 이해될 수 있다고 한다. "① 어떤 구성체는 여러 원인들의 결과인데, 이는 하나만으로는 설명하기에 충분하지 않기 때문이다. 그리고 ② 그 구성체는 다수의 무의식적 요소들과 연관되는데, 이 요소들은 서로 다른 유의미한 순서로 조직될 수 있으며, 여기서 각 순서는 해석의 특수한 수준에서 그 나름의 정합성을 갖는다." 라쁠랑쉬와 뽀르딸리는 더 나아가서, 다수의 원인들이 있다고 해서 해석이 무한히 가능하다는 의미는 아니며, 똑같은 현상에 대하여 서로 다른 의미들이 "독립적으로 혹은 나란히" 존재한다는 의미를 내포하지도 않는다고 말한다.[27]

'중층결정'이라는 개념은 이데올로기의 문제와 이데올로기를 둘러싼 투쟁이라는 형태를 전보다 더 강하게 띠는 정치투쟁의 문제를 파악하는 한 방식을 제시한다. 중층결정된 주체는 필연적으로 독특하다. (정의상 동일한 방식으로 스스로를 동일하게 복제할 수 없는 개인적 경험에 근거를 두기 때문이다.) 그런데 중층결정된 주체는 똑같은 이유로 모호하다. 사회적 범주들은 개인적 경험의 수준에서 교차하는데, 여기서 그 범주들은 서로를 형성하거나 조건지으며 자신들에 내적 기반을 둔 실천들을 강화할 수도 있지만 또한 실천들 속에 모순을 도입할 수도 있다. 그러한 범주들 중 몇을 들자면, 프롤레타리아트는 결코 그냥 프롤레타리

---

26) 陶希聖, 「社會科學講座」 『新生命』 2, 5호 (1929. 5), 1면.

27) Jean Laplanche and J. B. Portalis, *The Language of Psychoanalysis*, trans. by Donald Nicholson-Smith (New York: W. W. Norton & Co. 1973), 292~93면.

아트이기만 한 것이 아니고, 여성도 결코 그냥 여성이기만 한 것이 아니며, 중국인도 단순히 중국인이기만 한 것이 아니다. '중국의 여성 프롤레타리아트'는 분석의 어떤 수준에서는 정합성을 갖는다. 그러나 다른 수준에서는 중국인적 속성, 프롤레타리아트적 속성 그리고 여성성이 모순적인 속성들로 나타날 수 있다. "모호함은 맥락에 의해 제거된다"고 라쁠랑쉬와 뽀르딸리는 말한다.[28] 맥락은 어떤 한 범주를 여타 범주들을 조직하는 원리로 내세움으로써 "무의식적 요소들"이 "의미있는 순서로 조직되"도록 한다. 마오의 "주요 모순"(혹은 "한 모순의 주요한 측면")이 모순들의 장(場)의 구체적 모습을 형성하듯이 말이다.[29] 그러나 주요 모순은 투명하지도 않고 이론으로부터 선험적으로 결정되지도 않는다. 오히려 그것은 맥락적이며 따라서 역사적인 것으로서, 이론의 도움을 받아서 밝혀져야 하는 것이다.

피터 게이(Peter Gay)는 그의 『역사가들을 위한 프로이트』(*Freud for Historians*)에서 이렇게 쓴다.

중층결정은 실상, 모든 역사적 사건들을 형성하는 데는——무한하지는 않지만——다양한 원인들이 작용한다는 사실, 역사적 경험의 각 구성요소는——무한하지는 않지만——다양한 기능을 지녔다고 보아도 좋다는 점에 대한 분별있는 인식에 다름아니다. 섬세하거나 거친, 혹은 직접적이거나 간접적인 다량의 원인들을 가지고 작업하며 그것들 중 어느것도 소홀히 하지 않고 어떤 질서에 복속시키는 데 몰두하는 역사가는 이에 동의하고 환호할 뿐이다. 역사가와 정신분석가는 복합성을 찾아라, 복합성을 찾아서 길들이라고 한 목소리로 말할 수 있을 뿐이다.[30]

---

28) 같은 책, 292면.

29) 마오의 사상의 이 측면은 일찍이 루이 알뛰쎄르(Louis Althusser)가 인식하였다. L. Allthusser, "Contradiction and Overdetermination," *For Marx* (New York: Vintage Books 1970), 89~128면 참조.

30) Peter Gay, *Freud for Historians* (New York: Oxford University Press 1985), 187면.

134

중요한 역할을 하는 구절은 "길들이라"인데, 이는 역사가가 질서를 상황 속에서 찾는지 아니면 복합적인 상황을 역사가가 **질서지우는지**──후자는 역사가를 설명대상인 상황 속에 굳게 위치시킨다──를 모호하게 놔둔다. 마오의 혁명적 실천관은, 이론은 언제나 구체적 현실과 맞부딪쳐야 하며 혁명가가 그 과정을 매개한다라고 명기했다. 그리하여 이론은 해석학, 즉 해석의 도구가 된다. (정신분석학에 대해서도 이와 똑같은 말을 할 수 있을까?)[31]

그러나 마오와 중국혁명의 경우를 놓고 볼 때 주체를 해석하는 것은 주체를 이데올로기화하는 것임이 분명하다. 이데올로기는 모호하고 불안정하며 맥락에 의존하는 주체들을 사회적 범주들로 바꾸기 위하여 많은 개별적 주체들을 병렬적인 환경 속에 안정적으로 재배열하는 것을 전제한다. 그리하여 개인의 의식을 벼려서 사회적 집단의 의식이 되도록 하는 것이다. 게릴라 마케팅 담당자들이 '지역'문화를 이해하려는 목적이 그로부터 동질적인 소비문화를 벼려내는 것이었듯이, 혁명가 마오가 의식상의 차이를 이해하려는 목적은 그 차이를 응축하여 동질적인 계급의식으로 만드는 것이었다. (이는 그가 복잡한 사회관계들을 단순하게 만들기 위해서 그 관계들을 다시 질서지우려 한 것과 같다.)

맑스주의 이론가들은 오랫동안 이데올로기의 문제성을 이해해왔고 명확히 지적해왔다. 안토니오 그람시(Antonio Gramsci)의 헤게모니개념은 그 자체가 사회적 존재와 이데올로기적 위치 사이의 불확실한 관계──즉 노동자라고 해서 자동적으로 노동자 의식을 갖는 것은 아니라는 것──의 인정이었다. 의식은 문화적으로 그리고 정치적 활동의 과정에서 형성되어야 하며, 그리하여 혁명적 헤게모니가 부르즈와 헤게모니를 대체할 수 있어야 한다는 것이다.[32] 루이 알뛰쎄르는 그의 '이데올

---

31) Mao, "On Practise," *Selected Works of Mao Tse-tung*, vol. 1, 295~309면.

32) 그람시의 헤게모니에 대해서는 Chantal Mouffe, "Hegemony and Ideology in Gramsci," *Gramsci and Marxist Theory*, ed. by C. Mouffe (London: Routledge &

로기적 국가장치'라는 개념에서 같은 문제를 다른 방향에서 지적하였다. 그에 의하면 중층결정된 의식은 제도적으로만, 즉 가족과 교육 및 문화장치들을 통해서만 방향지어질 수 있는데, 이 장치들은 기존의 권력관계들을 문화적으로 확보하기 위하여 사회적 분할을 가로질러 이데올로기를 공고히 한다. 알뛰쎄르에게서도 결론은 충분히 명확한 듯하다. 혁명가들이 **자신**의 권력을 굳건히 하기 위해서는 부르즈와지의 '이데올로기적 국가장치'에 자신들의 '이데올로기적 국가장치'로 맞서야 한다는 것이다.[33]

물론 문제는, 헤게모니는 그것이 혁명적이든 아니든 헤게모니이며, 해방의 목표는 헤게모니를 폐지하는 것이지 영속화하는 게 아니라는 점이다. 실로 혁명에 가장 큰 장애물은 이러저러한 종류의 헤게모니가 아니라 바로 헤게모니 없는 삶을 상상하지 못하는 무능력일지도 모른다. 이딸리아의 무정부주의자 말라떼스따(E. Malatesta)는 언젠가 이렇게 말한 적이 있다.

어렸을 때부터 다리가 사슬에 묶였으면서도 가능한 한 최선을 다하여 걸어보려고 한 사람은 자신의 걷는 능력이 사실은 그 다리근육의 힘을 약화시키고 마비시켰을 뿐인 바로 그 사슬 때문이라고 여길 수도 있다.

만일 이 습관의 일반적 효과에다가 주인과 정부는 필연적이라고 설교하여 기득권을 보존하는 주인, 사제, 교사 등이 제공하는 교육이 덧붙여진다면, 게다가 만일 다르게 생각할 수도 있고 그 생각을 펼치고자 할지도 모르는 사람들을 침묵시키기 위해 애쓰는 판사와 경찰이 여기에 추가된다면, 주인과 정부의 유용성과 필연성이라는 편견이 어떻게 노동대중의 덜 다듬어진 정신 속에 뿌리박을 수 있는가를 이해하기란 어렵지 않을 것이다.

Kegan Paul 1979), 168~204면 참조.

33) L. Althusser, "Ideology and Ideological State Apparatuses," *Lenin and Philosophy and Other Essays* (New York and London: Monthly Review Press 1971), 127~86면.

　　의사가 다리가 묶인 그 사람에게 어떤 이론을 설명해주면서, 다리의 사
슬을 풀면 걷지 못할 것이며 살지도 못할 것이라고 입증하는 천개의 지어
낸 사례들을 훌륭하게 제시하는 모습을 상상해보라. 그러면 그 사람은 사
슬을 맹렬하게 방어할 것이며, 그것을 제거하려는 사람이면 누구나 자신의
적으로 삼을 것이다.[34]

　　무정부주의자들은 시종일관 헤게모니에 대해 비판해왔다. 다른 한편
그들은 권력의 문제를 다루는 데 있어 급진주의자들 가운데 가장 덜 성
공적이었다. 여기에 딜레마가 있다. 동질화 없이는 정치투쟁이 불가능
할지도 모른다. 그러나 동질화는 이데올로기를 그리고 헤게모니를 재도
입한다. 이러한 딜레마가 정치에 대해서 말해주는 것은 무엇일까?

투쟁의 터전: 오늘날 급진주의에서 전지구적인 것과 지역적인 것

　　앞의 내용을 간단히 정리해보자. ① 전지구적 자본주의 내에서 전보
다 더 광범하게 퍼진 자본은 상당한 정도로 현대적 삶의 '토대적' 원리
를 이룬다. 어떤 해방의 담론이든 그 이름에 값하려면 자본이 제시하는
물질적·사회적 실존의 문제들을 다루어야 한다. ② 자본이 세계를 형
성하는 힘으로 현존하는만큼, 맑스주의는 예전과 다름없이 세계를 분석
하는 데 적절한 이론이다. 현실 사회주의국가들의 몰락은 '맑스주의의
죽음'을 가리킨다기보다는 맑스주의를 관료주의적 근대화에 예속된 상
태로부터 해방시켜준다. 특히 이와 관련해 중요한 것은 계급과 총체성
에 관한 생각인데, 이는 계급의 형성이 진정으로 전지구적으로 되고 있
기 때문이며, 자본의 작용이 전례없는 수준의 신비화에 다달음에 따라

---

34) Errico Malatesta, *Anarchy* (London: Freedom Press 1984), 12면.

총체성이 '인식의 지도 그리기'에 전보다 더 필요하기 때문이다. ③ 내가 언급한 총체성은 비환원론적인 총체성인데, 이는 과거의 맑스주의적 분석에서 특별히 두드러지지 않았던 사회적 개념들과 범주들을 수용할 여지를 마련해준다. 급진적 분석은 사회적 실존과 의식의 근본적 특징인 '중층결정'을 그 출발점으로 삼아야 하며, 여러 대안적 범주들을 단일한 '전체주의적' 범주——맑스주의의 경우에는 계급——로 지양하는 데 함축된 환원주의에 항거해야 한다. 성, 민족, 인종은 사회적 실존과 의식을 형성하는 데 근본적인 위치를 차지하며 해방의 담론이라면 그 어느것에든 이들을 주된 고려사항으로서 담아야 한다. 급진적 분석은 근대화론적 공간성과 시간성의 목적론뿐만 아니라 개념의 목적론에도 항거해야 하며, 총체성이 당면 문제이니만큼 총체화하지 않는 해결책들을 허용해야 한다. 이러한 개방성은 또한 '유토피아적' 해결책들에 대한 고려를 허용해야 한다. 이론은 당대의 삶을 분석하는 데 필수적이다. 그러나 이론은 대안적 미래를 상상하기 위해서 극복해야 할 제약들에 대한 설명이 될 수 있을 뿐이지 미래로 가는 길을 직접 가리켜 보여주는 것은 아니다. 다양성과 역사성을 인정하는 것이 이론의 폐지를 요구할 수도 있다. 이론은 필연적으로 동질화와 총체화의 경향을 지니게 마련이므로. ④ 인간적인 실존에 대한 열망이 특권이 아니라 권리이듯이, 해방은 이론적인 명제가 아니라 윤리적인 명제이다. 그렇다고 해방을 위한 투쟁이 어떠한 구속도 없는 자의적인 것이라는 결론이 나오지는 않는다. '경계영역'이라는 현재 널리 퍼져 있는 은유에 함축된 주체의 복합성과 유동성은 자의적인 주의주의를 시사하는 것이 아니라 주체의 '중층결정성'을 시사한다. 이러한 복합성의 인식은 기존의 제한을 벗어나게 해준다. 그러나 이는 중층결정된 주체는 맥락적 방향성과 선호(選好)를 갖는다는 인식이 공존할 경우에만 그렇다. 바꾸어 말하면 주체는 무모한 이론화가 무엇을 시사하느냐에 관계없이 일상적인 실존에서는 여전히 주체이다.[35] 해방을 향한 추구가 직면하는 문제는 비헤게모니적

이면서도 지속적으로 해방을 추구할 온전성을 여전히 갖는 주체를 창출하는 것이다. 현재의 상황에서 대안적 미래를 상상하는 것은 한번의 행동이 아니라 과정이다. 즉 해방을 위한 투쟁, 인간적인 실존의 장애물을 극복하려는 투쟁으로부터 출현할 미래에 대한 상충하는 요구들 사이의 항상적인 협상이다.

현재의 상황에서 자본주의에 대한 저항은 어디에 자리잡으며, 저항의 성격은 어떠할 것인가? 최근의 급진적 비판에서는 '지역적'이라는 또하나의 용어가 '경계영역'과 함께 두드러지게 눈에 띄게 되었다. 여기서 이것이 함축하는 바를 간단히 궁리해보는 것이 중요할 것이다.

'미국 친선써비스위원회'(American Friends Service Committee)를 대표하는 레이클 캐멀(Rachael Kamel)은 '새로운 경제시대를 위한 분석과 행동'이라는 의미심장한 부제를 달고 있는 『전지구적 공장』이라는 책을 저술하였다.[36] 이 책은 리치의 『국가들의 노동』(*The Work of Nations*)에 정반대되는 것으로서 흥미롭다. 분석의 전제는 마찬가지로 전지구적 자본주의이다. 그러나 과거를 잊고 미국을 새로운 시대에 맞추려는 리치와 달리 캐멀은 과거를 기억하고 미국과 기타 지역에서 '관례적 생산노동자들'의 실존과 존엄성을 보존하는 방법을 찾는다. 캐멀은 학계의 지식인들의 문화비평에서 '지역적인 것'에 대한 논의들이 갖는 반계몽주의와 현저히 대조되는 명확성을 갖고 그 작업을 수행한다. (이것이 '반지식인적'으로 들린다 해도 할 수 없다.) 그녀는 미국, 마낄라도라, 필리핀에서 노동자들(특히 여성노동자들)이 초국적기업들에게 농락당해 서로 경쟁하게 되는 비참한 상황을 서술하며 저항을 조정하는

---

35) '현실세계'를 우화로 바꾼 이론에 대한 시기적절하고도 통렬한 비판으로는 Christopher Norris, *Uncritical Theory* (Amherst: The University of Massachusetts Press 1992) 참조.

36) Rachael Kamel, *The Global Factory: Analysis and Action for a New Economic Era* (American Friends Service Committee 1990).

여러 방식들을 제안한다. 캐멀은 다음과 같이 쓴다.

우리가 서술한 프로젝트들 각각은 특히 초국적기업의 규모나 힘과 비교
할 때 작아 보일지도 모른다. 그러나 그것들은 미국에서 그리고 전세계적
으로 수백의 지역적 풀뿌리운동을 끌어모을 수 있는 운동을 구축하는 데로
향하는 작은 발걸음이기도 하다.

전지구적 공장의 문제들과 씨름할, 넓은 기반을 가진 다국적 운동이라는
발상은 지금은 여전히 하나의 꿈이다. 이 책에서 우리가 기록하려고 했던
것은 전지구적 공장이 수천의 구체적 지역상황으로 구성되어 있다는 점,
그리고 우리들 각자는 어떤 환경에서 살고 일하든 우리의 특수한 상황과
맞서기 위해서 작고 실행 가능한 행동들을 취할 수 있다는 점이다.

모든 지역의 이야기가 전지구적 규모의 '큰 그림'의 일부라는 점을 이해
함으로써 우리는——특히 언어, 민족, 성, 인종, 계급의 장벽을 가로질러서
——대화와 경험공유를 위한 공간을 열 수 있다. 그리고 그러한 의사소통과
정이 연계망과 연대구축을 향해 나아감에 따라 다국적 운동이라는 꿈은 현
실이 될 수 있다.[37]

인도 북부의 '나무끌어안는' 여성들에서부터 마낄라도라 산업단지의
여성노동자들까지, 식민주의국가로부터의 분리를 추구하는 (가장 최근
의 것으로는 하와이에서 일어난) 원주민운동에서부터 정부로부터 홀대
받는다고 느껴 캔자스주와 미국으로부터 분리하기를 원하는 캔자스 서
부의 군(郡)들에 이르기까지, 지역운동은 현대 세계에서 광범위한 현상
으로 떠올랐다. 이 운동들은 단순한 전통적 지역주의의 징후가 아니라
전지구적 자본의 움직임에 대한 (그리고 그에 수반되는 정치적·사회적
결과들에 대한) 반응이다. 자본주의가 지역적 차이들을 조정하는 가운
데 지역을 의식의 표면으로 끌어올림에 따라 지역은 저항의 터전으로
등장하였다. 지역적인 것이 전지구적인 것으로 동화되는 것——이는 세

---

37) 같은 책, 75면.

계의 사회적·문화적 동질화를 달리 표현한 것인데——은 지역 또한 자본에 대한 저항의 장소임을 가리켜 보인다.

이러한 지역적인 것에 대한 긍정, 곧 다양성의 긍정은 캐멀과 시바와 같은 활동가들이 잘 알고 있듯이 그 나름의 문제가 없는 것이 아니다. 이러한 문제들 가운데 하나는 전근대적 과거를 찬양하는 것인데, 근대적인 것에 대한, 그리고 세계의 합리주의적 동질화에 대한 저항의 이름으로 이루어지는 이 찬양은 자본주의적 혹은 유럽중심적 억압에 지나치게 관심을 두는 까닭에 과거의 억압들은 기꺼이 무시하려는 지역주의나 '제3세계주의'로 귀결된다. 또한 이 찬양은 정신성의 회복이라는 이름 아래 그 자체가 계급적·가부장적 불평등을 가리는 변명거리였던 과거의 종교들을 긍정한다. 전지구적 자본주의가 낳은 한 가지 결과는, 이미 자본과 근대성의 손이 닿지 않은 지역사회란 더이상 존재하지 않는다는 점이다. 지역적 '순수성'에 대한 강조는, 특히 인도의 여성들과 북미의 원주민운동에 참여하는 여성들이 재빨리 지적했듯이, 옛 억압형태들의 반동적 복원을 위한 구실이 될 수 있다.[38] 지역적인 것은 전지구적인 것에 대한 저항의 터전으로서 귀중하지만, 과거로부터 전해진 억압과 불평등을 철폐하는 협상의 터전이 될 수 있는 한에서만 그렇다. 과거의 유제가 철폐되지 않고는 지역적인 것이 미래에 대해 내놓는 어떠한 약속도 무망하다. 근대성의 산물인 새로운 인식을 유럽중심주의의 또하나의 계략이라 하여 제쳐놓는 것은 가능하지도 않고 바람직하지도 않다.

이러한 논의가 지목하는 것은 '비판적 지역주의'이다. 이는 과거의 관점에서 현재를 비판적으로 평가하면서도, 과거를 평가하는 경우에는 근대성으로부터 제공받은 비판적 관점을 유지한다. 과거의 공동체에 대한 낭만적 향수나 (동아시아에서의 이른바 공자의 부활과 같은) 새로운 종

---

38) Meera Nanda, "Is Modern Science a Western, Patriarchal Myth? A Critique of the Populist Orthodoxy," *South Asia Bulletin* 11, nos. 1 & 2 (1991), 32~61면.

류의 헤게모니 지향적인 민족주의적 갈망 혹은 현재를 과거 속에 가두는 역사주의는 이 지역주의로부터 배제된다. 후자의 예에 해당하는 것이, 최근에 중국학계에서 ‘중국을 중심으로 한’ 역사관을 만들어내려 한 노력인데, 이것은 의도는 좋지만 방향은 잘못 잡은 것이다. 이 노력이 의도가 좋다는 것은, 중국 역사를 유럽·미국의 목적론들과 개념들의 헤게모니에 예속된 상태에서 구출하려고 했기 때문이다. 방향을 잘못 잡았다는 것은, 중국인들이 서구의 개념에 오염되어서 자신의 과거와 단절되었기에 역사를 만들어낼 수 없다는 주장이 거기에 동반되기 때문이다. 중국인들에게는 동시대성을 인정하지 않으면서 다시 태어난 유럽·미국인들에게 중국인을 위해 중국의 과거를 해석할 특권을 부여하는 이러한 노력들은, 자신의 역사성은 주장하면서 남들에게는 그것을 부정하는 식으로 전체 세계, 특히 제3세계에 대해서 역사가 갖는 의미를 전유했던 19세기의 유럽인들을 상기시킨다.[39] 다른 쪽 극단에는 유럽·미국의 개념적·이론적 헤게모니에만 정신이 팔려 억압 일반의 문제를 고려하지 않고 서유럽 이전의 민족성과 정신성을 긍정하는 데 빠지는, 헤게모니 비판에서의 민족중심주의가 있다. 억압이란 비록 대안적 실존방식을 부정하는 현대 사회에서 전례없는 수준에 이르기는 하였지만 서유럽이나 자본주의의 전유물은 아니었던 것이다. 구미 자본주의적 억압에 맞서는 오늘날의 해방투쟁이 안고 있는 딜레마를, 전근대적 억압형태들을 깔개 밑에 쓸어넣는 식으로 회피해서는 안된다는 것이 내 생각이다. 우선 무국가적 공동체들(혹은 세계 여러곳에 산재하는 부족적 조직들같이 국가조직과 지역공동체가 일치하는 공동체들)[40]과 근대

---

39) 이 입장을 주장하는 생산적이고 영향력있는 책으로는 Paul Cohen, *Discovering History in China* (New York: Columbia University Press 1984) 참조.

40) 원주민운동 및 그와 기성의 국가 간의 관계에 관한 탁월한 설명으로는 Maivan Lam, "The Age of Association: The Indigenous Assertion of Self-determination at the United Nations" 참조. (이 글은 미발표 원고로서 저자의 허락을 받아 인용하였음.)

이전 중국·인도의 제국들 및 오토만제국에서처럼 거대한 국가조직의 존재에 구실을 제공했던 공동체들을 구분해야 한다. 전자는 공감하기가 쉬운 편이나 후자는 훨씬 어려운 편인데, 후자에서 전근대적인 과거를 다시 불러오는 것은 대(對)서유럽관계에서는 아무리 반(反)헤게모니적 일지 몰라도, 새로운 종류의 국수주의와 다름없기 때문이다. 예를 들어서 공자사상의 부활은 '대중화(大中華)' 경제지역을 옹호하는 주장들과 무관하지 않은 것이다.

이 두 입장은 그 원천이나 함축이 매우 다르다. 제3세계의 과거를 대변해주는 구미인들과, (작가 프랭크 친 Frank Chin의 말을 빌리면) "동화로 인한 죽음"으로부터 자신들의 정체성을 구하려는 노력으로 자신들의 과거를 스스로 대변하는 제3세계 민중들을 구분하는 것 또한 중요하다. 그렇지만 두 입장이 다 문제가 있다. 부정될 수 없는 것——즉 지난 세기의 경제적·문화적 종합국면들이 유럽과 미국 이외 지역의 민중들의 실존조건을 규정해왔다는 사실——을 부정하는 것이 어리석기도 하지만, 이 종합국면들에 의해 역사의식의 전면에 부각된 과거의 억압형태들을 무시하는 것도 (정치적으로 반동적인 것과 뚜렷이 다른 의미에서) 사회적으로 반동적이다. 특히 맑스주의적 분석과 성(性) 분석이 비판적 이해를 위해 여전히 적절한 것은, 이제는 새로운 억압형태에 의해 합성되고 중층결정되는 형태로이긴 하지만, 그러한 과거의 억압형태들이 지속적으로 존재하기 때문이다.

내가 여기서 사용하는 지역적인 것이란 말은 동일한 시간성 속에 위치해 있지만 서로 다른 공간성을 갖는 구조들의 종합국면의 산물인 한에서 의미를 갖는데, 이 종합국면이 바로 공간성의 문제, 즉 지역의 문제를 낳는 것이다. 또한 종합국면적 상황은 지역적인 것의 문화를 규정하는데, 이 문화는 서로 다른 문화들간의 일상적 대면을 통해 그 물신성이 벗겨져 일상적 실천 속에 적나라하게 드러난다. 고립되고 안정된 조건에서는 (문화가 항상 일상적으로 재생산된다고 할 때) 문화의 그러한 일상적 재생산이 영원할 것처럼 보인다. 그러나 종합국면적 상황은 문화를 생산과 부단한 재구축의 활동으로 드러낸다. 문화가 이렇듯 항상 구축된다는 사실은 현재가 과거의 짐으로부터 면제되어 있음을 함축하지 않으며, 바로 그 짐 자체가 현재의 활동 속에서 재구조화됨을 의미할 뿐이다. 과거가 중요하지 않다는 뜻도 아니다. 현재에 대한 과거의 주장을 강조하기보다는 과거에 대한 현재의 주장, 즉 살아 활동하는 것의 주장을 강조할 따름이다. 문화가 "일상적 삶의 실천"(미셸 드쎄르또 Michel deCertau의 용어)을 통해 변화될 수 있다고 해서 덜 문화적인 것은 아니다. 문화는 그러한 실천의 산물인 만큼이나 원천이기도 한 것이다. 문화를 일상적 실천의 지속적인 구축으로 보는 첨예한 의식을 낳은 것은 문화적 종합국면이 삶의 조건으로서 전지구적으로 퍼져 있다는 점이다. 이러한 새로운 깨달음은 삐에르 부르디외(Pierre Bourdieu)와 마샬 쌀린스(Marshall Sahlins)의 저작들 속에 조명되어 있다. 이들은 과거와 현재가 그리고 서로 다른 사회적·문화적 구조들이 (이 구조들은 현재와 과거의 관계뿐만 아니라 서로 다른 현재들의 관계를 문제삼는다) 종합되어 이루어진 환경이 문화와 역사에 대하여 갖는 함축들을 논증해내었다. 심지어는 구조와 사건이 접합될 경우, 특히 그 사건이 비유럽 민족과 유럽인의 접촉과 같은 전례없는 성격을 띨 경우를 다루기도 하였다.[41)]

여기서 즉각적으로 떠오르는 질문은, 이러한 지속적 문화구축이 지역적인 것의 전지구적인 것에 대한 저항이라는 차원에서 함축하는 바가 무엇인가이다. 아시스 난디는 다음과 같이 썼다.

세속적 힘에서 차이가 나는 두 문화가 대화를 시작하면, 이 대화가 상대

---

41) Pierce Bourdieu, *The Logic of Practice* (Stanford, CA: Stanford University Press 1990); Marshall Sahlins, *Islands of History* (Chicago: University of Chicago Press 1985).

144

문화에 대한 각자의 독특한 진술되지 않은 이론을, 혹은 그러한 것이 없다
면 각자의 일반적 문화이론을 포용할 공유된 공간을 창출하지 않을 경우,
새로운 위계구조가 필연적으로 등장하게 마련이다. 각 문화는 그 자체의
고유한 범주들을 통해 연구되어야 한다는 널리 퍼진 인류학적 견해에 표현
된 문화상대주의는, 모든 문화는 자신이 다른 문화에 의해 해석되는 방식
을 인식해야 한다고 주장하는 데 미치지 못하기 때문에 한계가 있다. 다른
문화들을 문화상대주의의 이름으로 그 문화들 나름의 장치들에 맡기는 일
은 쉽다. 특히 이 다른 문화들의 미래에 대한 전망이 우리 자신의 세계관에
의해 잡아먹힌 경우에 그러하다. 이질적 문화가 우리에 대해 내리는 평가
를 안고 살며 그것을 우리의 자아 속에 통합하고 이렇게 자기도입된 내적
긴장을 안고 사는 일은 그보다 어렵다. 다른 문화들과의 대화로부터 촉발
된 내적 대화를 우리의 문화 안에 품고 사는 일은 훨씬 더 어렵다. 그 경우
에는 자신을 괴롭히는 대화들을——그리고 그러한 대화들로부터 나오는
위협적인 통찰들을——막는 조심스럽게 구축된 문화적 방어막이 붕괴되기
시작하기 때문이다.[42]

문화적 대화에 대한 난디의 견해는 모한다스 간디(Mohandas
Gandhi)의 문화접근법으로부터 영감을 받았는데, 간디는 리차드 폭스
(Richard G. Fox)가 계몽적인 간디 연구에서 말하고 있듯이 "문화는 집
단적 실험을 통해 변화한다"고 믿었다.[43] 이 실험은 현재를 출발점으로
삼기는 하지만 '진실'의 추구에 있어서는 여러 과거들에 열려 있는 것들
이다. 내가 여기서 제안하고 싶은 것은 지역적인 것이 바로 그러한 실험
을 위한 터전이라는 점이다. 그러나 그 '실험'은 범위가 전지구적이어야
한다. 어떤 '진정한' 지역문화를 그 문화를 배출해낸 종합국면들을 무시
하면서 재긍정하려는 저항은 실패하게 마련이다. 이른바 진정한 지역문

---

42) Ashis Nandy, *Traditions, Tyranny and Utopias: Essays in the Politics of Awareness*
(Delhi: Oxford University Press 1987), 16~17면.

43) Richard G. Fox, *Gandhian Utopia: Experiments with Culture* (Boston: Beacon
Press 1989), 26면.

화가 (예를 들어 게릴라 마케팅 담당자들과 같이) 그 지역문화를 재구성하려 하고 전지구적으로 동질화되도록 동화시키려는 전지구적 세력에 의해 나날이 분해되고 있다는 이유만으로도 그러하다.

지역적인 것의 이러한 동화는 저항의 전략적 개념으로서의 지역적인 것과 관련된 두번째의, 그리고 더욱 심각한 문제점이다. 서로 다른 지역들은 동화를 통해 전지구적으로 여러 사회들과 게릴라전을 벌이고 있는 전지구적 자본의 손아귀에 놓인 장기졸의 처지가 된다. 실상 이 문제점은 우리 시대의 저항·해방운동이 직면하는 가장 심각한 도전일지도 모른다. 그들의 활동을 방해하는 기미가 (그것이 노동자들의 요구든 아니면 지역사회와 생태계에 가하는 폐해를 제한하려는 노력이든) 조금만 있어도 새로운 지역을 택하여 이동하겠다고 위협하는 전지구적 기업들을 어떻게 다룰 것인가? (새로운 기술이 기업들의 이러한 행동을 가능하게 한다. 더 정확하게 말하자면 유동성이 새로운 기술개발의 주요한 목표이다.) 제너럴 모터스와 같은 기업이 생산공장을 폐쇄하여 전 공동체들과 도시들을 일시적 정지상태에 빠뜨려놓고, 공동체들이 일자리와 공동체 전체의 생계를 확보하려고 자신의 지역에 그 기업을 계속 유치하기 위해 더 유리하고 달콤한 거래조건을 제시하면서 경쟁하는 것이 어떤 결과를 낳을지만 기다린다면, 이것에 어떻게 저항할 것인가? 이러한 상황에서 만일 의미를 지니려면 지역적 저항은 의식이나 행동에서 초지역적(translocal)이어야 한다. 여기서 '만일'이란 가능성이 매우 희박한데 이것이 아마도 전지구적으로 확대된 무력감의 원인인 듯하다. 이 딜레마는 저항의 토대로서 필요한 지역의식이 성공적 저항의 필수요소인 초지역적 활동과 의식에 모순된다는 사실에 의해 심화된다. 그러나 만일 이 모순이 극복된다면 자본에 의한 지구의 분화 자체가 저항운동에 유리한 점으로 바뀔지도 모른다. 동화의 수단으로 지역을 착취하는 것에 대항하여 진정으로 지역적인 것을 요구하는 것은, 전지구적 자본주의에 '과부하'를 주어서 바로 그 **자본주의**를 분화상태로 몰고 갈 수

146

도 있는 것이다.[44]

앙리 지루(Henry Giroux)는 지역적인 것이 전지구적 자본주의에 대한 저항에서 맡을 역할과는 별개로 미래라는 건축물을 구성하는 하나의 블록으로 사용될 수 있게끔 하는 시사적인 수단을 제공하였다. 지루의 '경계교육학'(border pedagody)은 탈근대적·탈식민주의적 '차이의 정치'로부터 파생되었다. 그러나 차이를 목적 그 자체로 긍정하는 데 불만인 지루는(그는 차이를 목적 그 자체로 보는 것은 의미있는 정치를 전복하는 것이라고 옳게 인식한다) "총체화하지 않는 정치"[45]의 토대 구실을 할 수 있을 새로운 종류의 "다양성 속의 통일성"[46]을 정식화할 방법을 구한다. 특히 중요한 것은 그의 "구성적 서사"(formative narrative)라는 생각인데, 이는 내가 위에서 시사한 고려사항들을 설득력있게 표현한다. 이 생각에 대한 지루의 설명은 이 책의 결론으로서 매우 적절하다.

총체성과 토대론에 대한 포스트모던한 공격에 단점이 없는 것은 아니다.

---

44) 저항의 수단으로서 '체제에 과부하를 가한다'는 생각은 Immanuel Wallerstein, "Development: Lodestar or Illusion?," *Unthinking Social Science: The Limits of Nineteenth Century Paradigms* (London: Polity Press 1991), 124면에서 따온 것이다. 여기서 내가 염두에 두는 것은 남태평양 문화의 한 일화에 의해 설명될 수 있다. 남태평양의 구전전통을 분석하면서 쑤브라마니(Subramani)는, 남태평양의 작가들이 "어떤 경우에는 유럽의 연구자들이 번역한 것을 읽어 그들의 구전문학을 재발견"해왔다고 말한다. 유럽의 연구자들이 전지구상에서 이러한 활동에 착수하는 목표는, 적어도 처음에는 토착민들을 더 잘 통제하고 변화시키거나 동화시키기 위하여 그들을 이해하는 것이었다. 이제 바로 이 '연구들'이 해방을 목표로 하는 새로운 문화적 의식을 갖추어 해방의 대의에 복무하며 동화에 반대하는 지역적 정체성의 주장에 복무하는 것이다. Subramani, *South Pacific Literature: From Myth to Fabulation* (Suva: History of the South Pacific 1985), 32면.

45) H. Giroux, 앞의 책, 79면. '다양성 속의 통일성'에 대해서는 Yuji Ichioka, "'Unity within Diversity': Louis Adamic and Japanese-Americans," Duke University, Working Papers in Asian/Pacific Studies, no. I (1987) 참조.

46) H. Giroux, 같은 곳.

그것이 지역적 서사의 중요성에 초점을 맞추고 진실이 재현개념에 앞선다
는 생각을 거부한 것은 옳지만, 단일인과론적인 거대서사와, 서로 다른 집
단들이나 지역서사를 어떤 공통의 기획 속에 역사적이고도 상호연관적으
로 자리매김하는 데 토대를 제공하는 구성적 서사 사이의 구분을 흐릴 위
험도 있다. 부연하지면 만일 어떤 차이의 정치가 통일성에 반하기보다는
통일성 내에서 차이를 분석할 수 있는 구성적 서사를 제공하지 않는다면
그것을 급진적 사회이론의 한 형태로 보기는 어렵다.[47]

---

47) 같은 책, 54면.

한국어판 출간에 부쳐

『전지구적 자본주의에 눈뜨기』의 한국어판에 이 글을 쓰게 되니 기쁘다. 이 책을 출간한 이래 친지와 동료들의 반응은 긍정적이고 고무적이었다. 지금의 시점에서 책의 내용 가운데 바꿀 만하거나 달리 썼으면 하는 부분을 논할 필요는 없겠다. 나는 이 기회를 살려 이 책의 논지 중 몇몇을 상론하고, 이 책이 출간된 뒤 내가 집필한 것으로서 이 책에서 제기한 쟁점들을 좀더 상술하는 논문들을 간략히 논한 다음, 나와 유사한 관심을 보이는 최근의 몇몇 저술들을 간단히 논평할 작정이다.

전지구적 자본주의

지난 2년간 미국의 자본주의 이데올로그들 및 그 비판가들의 자본주의에 관한 논의에서, 현대 자본주의를 규정하는 특색으로서의 전지구화 또는 전지구체제(globalism)는 오히려 더욱 부각되었다. 『전지구적 자본주의에 눈뜨기』와 비슷한 시기에 출간된 것들로서, 리처드 바넷(Richard J. Barnet)과 쫀 캐버너가 공저한 『전지구적 꿈: 제국적 기업과 새로운 세계질서』,[1] 죠바니 아리기(Giovanni Arrighi)의 『기나긴 20

---

1) *Global Dreams: Imperial Corporations and the New World Order* (New York: Simon and Schuster 1994).

세기』,[2] 쟝 셰노(Jean Chesneaux)의 『멋진 근대세계: 생존의 전망』[3] 그
리고 대중적 저술가 제러미 리프킨(Jeremy Rifkin)의 『노동의 종말: 전
지구적 노동세력의 몰락과 탈시장 시대의 개막』[4] 등은 내가 다룬 것과
유사한 쟁점들을 훨씬 상세하게 (그리고 나보다 훨씬 경제적이고 세련
되게) 다루었다. 『비즈니스 위크』(*Business Week*)와 『하버드 비즈니스
리뷰』와 같은 경영 관련 저널들은 노동과 경영에 관한 논의에서 전지구
체제를 당연시하고 있다. 사회주의 이후의 전략을 모색하는 급진주의자
들도 마찬가지로 전지구적 자본주의를 그들 논의의 출발점으로 삼고 있
는바, 제러미 브레커(Jeremy Brecher)와 팀 코스텔로(Tim Costello)가
공저한 『지구촌 또는 지구약탈: 아래로부터의 경제건설』[5]이 그 가운데
주목할 만한 예가 되겠다. 1995년 가을, 저명한 소비자보호 운동가인
랠프 네이더(Ralph Nader)는 전지구적 자본주의와 그것이 대학 캠퍼스
에 있는 사람들에게 미치는 영향에 관한 논의를 시작하는 데 주도적으
로 나섰다.

  이러한 저작들은, (사회주의국가들의 쇠퇴와 몰락과 같은 부수현상
및) 자본주의 내 여러 전개양상에 따라 새로운 전지구적 상황이 창출되
었다는 데는 하나같이 동의하면서도, 그같은 전개양상들이 얼마나 새로
운가에 대해서는 약간의 견해 차이를 보인다. 이런 점에서 특히 중요한
것은 아리기가 『기나긴 20세기』에서 제시한 논점들이다. 여기서 아리기
의 논점들에 관해 몇가지 논평을 해두는 것이 필요할 성싶다. 또한 이
논평들은 내가 영어 원문에서 전지구적 자본주의(Global Capitalism)의

---

2) *The Long Twentieth Century* (London and New York: Verso 1994).

3) *Brave Modern World: The Prospects for Survival* (London: Thames and Hudson
   1992).

4) *The End of Work: The Decline of the Global Labor Force and the Dawn of the Post-
   market Era* (New York: Putnam 1994).

5) *Global Village or Global Pillage: Economic Construction from the Bottom Up*
   (Boston: South End press 1994).

첫글자를 대문자로 표기한 까닭을 밝힐 기회도 될 것이다. 실상 이같은 대문자 사용은 내 책을 호의적으로 논평해준 이들의 심기를 약간 불편하게 만들기도 했다.

아리기는 자본주의의 현대적 전개양상들에 새로운 면이 있음을 부정하지 않는다. 오히려 그는 금융축적의 문제를 자본주의 전개의 두드러진 특색으로 보아 그 문제에 논의를 한정하면서, 현대적 전개양상들이 자본축적의 최근 주기에서 발생하는 금융축적의 위기를 나타낸다고 본다. 아리기에 의하면 자본주의는 대충 500년의 역사에 걸쳐 네 축적주기를 거쳤다. 그는 이 네 주기를 각각의 주기에서 결정적 구실을 했던 상이한 금융집단들 또는 국가들과 동일시하는데, 제노바·네덜란드·영국·미국이 그것이다. 그가 보기에 현대적 전개양상들은 19세기 후반 어느 시점에 시작되었던 미국의 축적주기의 완결이자 그 위기를 가리켜 보인다. 개개 주기의 위기가 지닌 근본적인 특징 가운데 하나는 금융축적이 생산으로부터 분리되는 것이다. 이것은 더욱 빠른 자본축적을 가능케 하면서 엄청난 힘이 작동하는 듯한 환상을 불러일으키지만, 실상 축적의 치명적 위기를 은폐하면서 새로운 주기의 탄생을 예고한다. 이해할 만한 일이지만, 아리기는 현재의 위기가 어디로 이어질지에 대해서는 확실히 예측하기를 망설인다. 새로운 주기, 일본의 축적주기가 올 것인가? 자본이 공간의 한계에 도달했으니 세계정부가 생겨날 것인가? 아니면 자본주의의 말기적 위기인가?

아리기의 논의는 현재에 역사적 원근법을 부여한다는 점에서 매우 중요하다. 만약 우리가 그의 시대구분을 기초로 삼는다면, 『전지구적 자본주의에 눈뜨기』에서 (그리고 그 주제에 관한 다른 글들 가운데 상당 부분에서) 논의된 내용은 대체로 마지막, 곧 미국의 축적주기에 해당하면서, 이전 영국의 주기로까지 거슬러올라가는 폭이 될 것이다. 한마디 덧붙이면 이것은 일반적으로 '산업자본주의'라 여겨지는 것과 일치한다. 다른 한편 아리기의 논지가 주로 자본의 근본 목표로서의 금융축적과 관련되는 데 반해, 나의 자본주의 이해는 아리기에 비해 산업화와 생산에 더 큰 비중을 두는만큼 내 논지는 그의 것과 다르다. 이 차이의 의의는 무엇일까?

전지구체제와 전지구화에 대한 나와 그의 이해의 차이는 이 글의 논의와 직접 관련이 있다. 그리고 또 한 가지 차이는 일상생활에 미치는 자본의 영향과 연관된다. 두번째 문제부터 생각해보면, 스스로 인정하듯이 아리기는 자본주의적 발전이 진행되는 동안의 자본축적과 국가간의 관계에 논의를 국한한다. 그는 축적의 순환을 형성하는 과정에서 금융권력과 국가권력이 상호작용하는 양상을 전면에 부각하기 위해서, 일상생활 수준의 경제는 물론이고 시장경제의 작동양상조차 의식적으로 논외로 한다. 그는 이 목표를 달성하는 데는 성공하는 반면, 그 스스로도 인정하듯, 여러 중요한 문제들을 답하지 않고 남겨둔다. 관심을 끄는 문제 가운데 하나는 산업자본주의 이전의 자본주의와 산업자본주의 각각이 사회적 삶과 사회적 조직에 미치는 상이한 영향이다. 자본이 두 경우 모두에서 유사한 논리를 따랐을지도 모르지만, 산업적 생산의 출현에 따르는 사회적 삶의 엄청난 재구조화를 우리가 어떻게 이해할 것인가? 자본축적의 '법칙들'을 정식화하기 위해 이같이 중대한 문제를 무시한다면 비역사적 환원론의 혐의를 다소간 걸 만하다.

'전지구화'의 경우도 마찬가지이다. 아리기의 분석은 자본과 국가를 병치하는 데서 출발한다. 그가 보기에 자본은 그 포부와 작동방식에서 언제나 '전지구적'이다. (여기서 '전지구적'이란 말의 함의는 자본의 역량과 포부의 면에서 시간의 경과와 더불어 그 경계가 변화하는 것으로, 역사적 의미에서 이해될 필요가 있다.) 반면 국가는 영토에 의해 규정된다. 달리 말하면 자본과 국가의 상호작용은 전지구체제와 영토체제의 상호작용에 해당하며, 또한 그같은 상호작용은 자본축적의 상이한 주기마다 상이한 양상을 띠면서, 각 주기 자본의 경계는 물론이고 그 공간적 영역의 크기를 결정했다.

네 축적주기가 다양한 인간집단들에 대해 갖는 연관을 여러 국가형태
와의 연관으로 '번역'한다면 다음과 같을 것이다. 첫번째 주기는 북이딸
리아의 도시국가들에서 시작해서 제노바 출신 '이산'(isasporic) 금융가
들과 스페인 신생국가 간의 협력에서 절정에 이른다. 두번째 주기는
(페르낭 브로델에 따르면) 한자동맹의 부산물이었던 상당한 크기의 후
배지를 거느린, 훨씬 더 영토화된 네덜란드 자본이 그 특징이었다. 세번
째 주기는 최초로 국민국가 내에 영토화된 영국 자본의 지배에 상응한
다. 네번째 주기는 미국 자본에 상응하는데, 미국은 여전히 국민국가지
만 규모 면에서는 대륙적이다. 이같은 변화에 상응해서 자본의 영향권
이 엄청나게 팽창했다. 아리기 자신도 세번째, 곧 영국의 주기에 이르러
자본이 진정으로 전세계에 퍼진다고 지적하고 있거니와, 그 과정이 완
성되는 것은 미국의 축적주기에 와서이다. 내가 앞에서 언급했던 사회
적 구조화의 경우와 마찬가지로, 자본이 세계규모의 '전지구화'양상을
띠는 것은 마지막 두 주기, 다시 말해 영국과 미국의 주기에 와서이거니
와, 이 주기는 산업화, 국민국가 그리고 국내시장의 출현에 상응한다.
우리가 오늘날 목도하는 변화는 이같은 직접적인 맥락에서 일어나고 있
다. 이런 맥락에서 산업자본과 국민국가의 형성으로 풀려난 엄청난 생
산력들이 유럽사회들뿐만 아니라 지구 전체에서 여러 사회들을 재구조
화하면서, 후자를 자신의 공간 속으로 끌어들여 그들을 사회적·정치적
으로 변화시키고, 그럼으로써 유럽 자본의 경쟁자를 창출한다. 아리기
의 분석이 지닌 큰 미덕은 자본의 전개가 직선적인 것이 아니라는 사실,
다시 말해 축적의 목표를 달성하는 가운데 자본은 새로운 형태들을 창
출하는 한편 과거의 형태들로 되돌아가기도 한다는 사실을 우리에게 환
기시켜준다는 점이다. 오늘날 이것은 그 어느 때보다 더 명백해 보일 수
도 있다. 오늘날에는 국가를 조직하는 단위로서 국민국가의 지위가 다
시금 의문시되고, '전지구적 도시'들의 현대적 연계망이 이전 시대의 한
자동맹에 비견되는가 하면, 화교나 동인도인과 같은 이산 민족집단의

존재가 전면에 부각되면서 이들을 이전 시대 '제노바 민족'과 비교하고 싶은 유혹을 불러일으키기도 하고, (동인도회사와 같은) 중상주의 시대의 거대 회사들을 연상케 하는 방식으로 초국적기업들이 국가를 장악하기도 하는 것이다. 하지만 차이는 여전히 매우 커서 과거로부터 미래를 예측하는 것은, 아리기도 인정하듯이 아주 일반적인 관점에서가 아니라면 불가능한 작업이다.

이 점을 염두에 두고, 내가 이같은 상황을 기술하는 데 전지구적 자본주의라는 개념을 택한 까닭을 간략히 설명해보자. 이 용어를 내가 신성시하는 건 아니다. 사실 나는 '포스트포드주의'나 '유연생산' 또는 '탈조직화된 자본'과 같은 용어 대신 이 용어를 택하는 데 약간 망설이기도 했다. 셋 가운데 마지막 것은 가장 쉽게 배제할 수 있다. 내가 최근 논문(「생산과 그 조직의 탈근대화: 유연생산, 노동 그리고 문화」)에서 논증했듯, 오늘날 자본주의가 이전에 비해 무질서해 보일지라도, 그런 표현은 초국적기업들이 소비와 노동자세력 및 경영현실에 행사하는 통제의 새로운 형태들을 은폐하므로 오해의 소지가 있다. 그밖의 용어들은 생산·축적의 새로운 과정을 전지구적 자본주의라는 표현보다 훨씬 더 구체적이고 효과적으로 표현한다. 그런가 하면 이같은 구체성이 그 표현들에 제약을 가하기도 한다. 용어 선택에서 나는 이전 시대 거대 회사들이나 또는 심지어 자신들의 직접 선조인 다국적기업들과도 달리, 경영과 충성의 면에서 탈영토화한 초국적기업들이 전례없이 강력한 힘을 획득했다는 점을 특히 강조하고 싶었다. 또한 나는 특히 동아시아지역에서 새로운 자본주의 강국들이 대두해서 유럽과 북아메리카의 좀더 오래된 자본주의 강국들에 도전함으로써, 전지구적인 경제적·정치적 조직화를 재사유할 수밖에 없게 되었음을(특히 '태평양권'과 같은 지역적 구성체들에 대한 최근의 관심이 그 일례가 되겠는데) 강조하고 싶었다. 이런 뜻에서 '전지구적'이란 표현은 '유럽중심적'이란 표현과 대조를 이루는 것으로 이해될 수 있겠다. 그리고 마지막으로 나는 이전에 사회주의국가들이나 이른바 제3세계국가들이 나타내던 자본의 '바깥'이 사라졌음도 강조하고 싶었다. 사회주의국가들이나 제3세계는 자본의 전지구화에 대한 반응으로서 발생했고, 짧은 역사시기 동안 자본의 공간적 영역을 제약했다. (이에 관해서는 뒤에서 좀더 다루기로 한다.) 바꾸어 말하면 나는 전지구적 자본주의 개념이 자본주의의 제반 과정들에서 나타나는 여러 새로운 경쟁양상들 및 구성체들과, 아울러 유연생산 및 유연축적, 생산 및 그 조직화의 초국적화 등의 여러 현상들을 포괄할 수 있다고 생각했다.

첫글자를 대문자로 표기한 것은 좀더 쉽게 설명할 수 있다. 아리기를 비롯하여 이 문제에 관한 여타 논평자들과 마찬가지로, 나는 자본주의가 실제 역량이나 작동방식에서는 그렇지 않다고 하더라도 포부의 면에서는 줄곧 전지구적이었다고 생각한다. 만약 현재에는 무언가 다른 점이 있다고 생각한다면, 현시기 전지구체제와 과거 전지구체제를 어떤 식으로든 구분할 필요가 있다. 그래서 대문자를 사용한 것이다. 이와 관련해서, 이 용어가 에르네스트 만델이나 프레드릭 제임슨이 선호하는 후기자본주의와는 달리 쓰였음을 다시 한번 강조해두는 것이 좋겠다. 내가 보기에 후기자본주의개념은 생산양식의 서사에 목적론을 내장하고 있다. 자본주의(그리고 사회주의)의 목적론이 내 비판의 표적 가운데 하나라는 사실은 내 논의에서 명백히 나타난다. 아마도 전지구적 자본주의 개념은 후기자본주의개념보다 자본의 불균등발전, 특히 그 최근 국면을 더 잘 다룰 수 있을 것 같다.

어떤 동료는 전지구적 자본주의의 머리글자를 대문자로 써놓고 보니, '국제공산당'과 같은 용어가 냉전시기에 그 말에 실렸던 '촉수' '음모' 등의 온갖 함축과 아울러 상기된다고 지적했다. 내가 그 개념을 그런 식으로 생각한 건 아니지만, 만약 전지구적 자본주의가 그런 연상작용을 하더라도 자본의 현시기 작동방식을 묘사하는 데 크게 잘못된 것은 아닌 듯하다.

국가, 세 개의 세계 그리고 경계영역

또 한 가지 좀더 상론할 만한 점은, 자본주의 내부의 제반 변화에 따라 진행되는 것으로 보일 법한 정치적 형세의 재편에 관한 이 책의 주장이다. 자본주의적 근대시기의 세계를 사고해온 우리의 틀은 현시기 정치를 묘사하는 데는 더이상 적합하지 않아 보인다. 민족의 국가단위 조직화는 한때 신성불가침한 것으로 보이기도 했지만, 여러 수준에서 문제시되어왔다. 2차대전 이후로 지구를 세 개의 세계로 나눈 개념화(이 자체는 국가형태에 관한 여러 전제들 및 거기에 따르는 종속·제국주의 등 국가간 관계의 제반 개념에 기반했다)는 설득력을 상실했다. 탈영토화된 자본의 운동에 대한 반응으로서 기존의 정치적 형태들의 '해체'(destructuring)가 진행되고 있는 듯하나, 그들을 대신할 새로운 구조들이 뚜렷이 떠오르고 있는 것 같지는 않다. UN, GATT, NAFTA, APEC 등의 전지구적 또는 지역적 구성체에 함축된 재구조화 노력이 이런저런 새로운 전망을 열어 보일 수도 있겠지만, 그것들은 아직 설득력있는 정치적 형태를 취하지 못하고 있다. 그러는 사이 각 국가 내부 및 국가간에서 '경계영역'(또는 컴퓨터용어로 표현하면 인터페이스)이 뚜렷이 정해진 경계를 지닌 안정된 정치적 단위들에 맞서 상승하는 것 같다.

이러한 변화들이 『전지구적 자본주의에 눈뜨기』의 내 논지에 기반이 되었다. 하지만 내가 무엇을 말하고 무엇을 말하지 않는지를 분명히 하는 것도 필요하겠다. 아리기를 다시금 언급하자면, 그를 위시하여 자본주의를 다루는 다른 많은 역사가들과 마찬가지로, 나는 자본주의와 국민국가(nation-state)를 구분할 필요가 있다고 생각한다. 자본주의는 그 기원에서 국가주의(nationalism)에 선행하고 또 그보다 오래 살아남을 것이다. 자본은 정치권력이 필요하지만, 그 정치권력이 국민국가의 형태를 취할 필요는 없다. 자본주의와 국가형태 간의 제휴는 자본주의 역사에서, 설사 결정적인 중요성을 지닌다 하더라도, 오로지 한 국면에 지나지 않을 수도 있다. 자본주의가 국가형태의 창출을 돕는 한편 그로부터 지구 정복까지 가능케 할 만큼의 엄청난 권력을 끌어냈다고는 하지만, 국가형태 자체가 바로 그 영토적 성격으로 인해 자본의 자유에 제한을 가하는 까닭에 그 둘은 모순적 관계에 있기도 했다. 제국주의가 그같은 제한을 넘어서도록 해주었지만 그 또한 비용이 과다해지면서 자본에 장애가 된다. 궁극에는, 추상적으로 말해, 자본의 전지구체제는 하나의 전지구적 국가하에서만 완결될 수 있을 것이다. NAFTA나 APEC과 같은 지역적 조직 및 GATT와 같은 전지구적 조직체의 현시기 전망에 함축된 것도 그같은 국가이다. 내가 '추상적으로'라고 한 것은 자본의 발전은 불균등발전에도 의존하기 때문인데, 이는 세계를 자신의 이익을 위해 조절하고자 하는 보편국가의 꿈과 상충한다.

국민국가에 대한 공격은 이 책의 주장의 중요한 한 측면이다. 1980년대에는 이미 최소한 20년 동안 진행되어온 세계경제의 구조적 변화가 레이건-새처 '혁명'을 통해 정치적으로 완결되었다. 레이건의 대통령 당선에 즈음하여 어느 필자는 그의 당선이 국제자본이사회의 이사장직의 임무를 수반하기도 한다는 사실을 (굳이 그럴 필요가 있는 것처럼) 상기하였다. 레이건을 뒤이은 대통령들도 이 임무에 충실하려고 애썼거니와, 공화당의 죠지 부시보다도 민주당의 윌리엄 클린턴(William Clinton)이 이 점에서는 더 열심이다. 국가가 "전체 부르즈와의 공통 업무를 처리하기 위한 위원회에 불과"하다고 한 맑스의 표현은 그 당시보다 오늘날, 특히 전지구적 부르즈와의 수준에서 더욱 유효한 것 같다. 국가주의 수사 또는 지난 20년간 '국지돌발전'을 합리화하는 데 사용된 민주주의 수사는 말비나스(Malvinas)에서 페르시아만에 이르는 국지돌발전을 합리화하는 '새로운 세계질서'의 대의명분에 관한 주장과 함께 이해되어야 한다. 실로 이 새로운 세계질서는 그 새로움에도 불구하고, 영국과 미국의 세계지배를 유지하려 한다. 하지만 전지구적 자본주의 내의 관계 변화로 인해 권력에 혼선이 생긴 경우, 지배권을 단순히 주장하기보다는 (걸프전의 경우에서처럼) 미국 헤게모니하의 전지구적 동원을 통해 그 권력을 과시하는 것이 최선일 수도 있다. 사실 1990년대는 그런 점에서 1980년대와 다를 수 있는데, 이 차이란 세계지배를 유지하기 위해 마지막 안간힘을 쓰던 미국이 전지구적인 경제적 권력의 현실변화를 좀더 수용하는 인식을 보이게 되었다는 점이다.

최근 동아시아와 동남아시아가 맞고 있는 위기는 내가 이 책에서 제시한 분석이 옳았음을 두 가지 점에서 확인해준다. 첫째, 그 위기는 현대 자본주의의 취약성을, 그리고 아울러 전지구화라는 겉모습에 가려 있던 여러 모순을 보여준다. 무엇보다 그 위기는 전지구화라는 것이 자신이 가장했던 바를 실현하고자 추구하는 하나의 담론일 뿐임을 드러낸다. 최근 몇달 사이에 자본주의의 이데올로그들조차도 전지구화라는 기획 전체에 의문을 제기할 지경이다. 둘째, 위기는 또한 전지구성(globality)이라는 겉모습에 가려 있던 권력관계를 드러냈다. 자본주의는 과거 어느 때보다 더 전지구적일는지 모르지만 그렇다고 지배적인 자본주의국가들, 곧 미국과 새로 등장한 주요 자본주의국가들 간의 권력관계가 사라진 것은 아니다. IMF와 같은 기구들을 의식적으로 활용해서 여러 자본주의사회를 미국식 자본주의 모델로 전환하려 한다는 것이 위기가 시작될 때부터 공공연히 인정되었다. 이에 대한 반응으로 말레이시아 같은 사회에서는 식민주의와 민족주의의 언어가 다시 등장하고 있다.

당면 문제에 관한 한, 우리가 여지껏 알아온 바와 같은 국가는 변형을 겪고 있지만, 그런 국가가 사멸했다거나 적실성을 상실했다고 결론내리는 것은 시기상조라고 말하는 편이 무리가 없다. (그리고 그렇게 말하는 것이 어쩌면 유일하게 무리가 없는 것일는지도 모른다.) 오히려 정치적 형태로서 국가는 쟁투와 갈등의 대상이 되었다. 아이러니컬하게도 우리가 알아온 바와 같은 국가를 잠식하는 바로 그 힘들이 국가주의를 강화하는 상반되는 충동을 불러일으키기도 하는데, 이 충동들은 단순히 이데올로기적인 것만은 아니고 자본운동 내부의 물질적 모순으로부터 배태되는 것이기도 하다. 이같은 변화와 모순들은 여러 중요한 구성요소로 분해될 수 있다.

① 국민주권과 국내시장 개념의 분리. 국내시장에 대한 통제가 국민주권의 본질적인 부분이라는 것은 지난 세기 동안 신념의 문제였다. 이같은 신념은 사회주의국가에서 극단적인 양상에 이르렀다. 사실 되돌아보건대 마오주의하의 중국과 같은 나라에서는 국가경제를 발전시키기 위해 자본주의경제와의 '연결고리를 끊는 것'이 사회주의의 주된 동력이었던 것으로 보인다. 이 믿음은 1960년대부터 '수출지향적' 발전으로의 선회에 의해 잠식되었으며, 그같은 선회가 개발정책으로서 성공하자 전지구적 자본주의경제에 편입되려고 앞다투는 일이 전세계적으로 일어났다. 이러한 앞다툼은 사회주의경제 몰락의 신호가 될 터였다. 위에서 제시한 논리에 따르면, 그러한 변화는 자본주의에 내재하는 여러 동력의 산물이었으며, 그같은 동력은 '창안된' 정치적 영토 내에 봉쇄될 성질이 아니었다. 현재 자본주의의 전지구체제는 GATT라든가 WTO(세계무역기구)와 같은 새로운 전세계적 기구들을 통해 표현되고 있다. 그같은 기구들이 함축하는 바는 단순히 경제적인 것만은 아니다. 이 기구들은 정치적·법적 주권문제(예컨대 환경법 문제)에도 영향을 미치는 것이다.

하지만 자본주의의 '승리' 그 자체가 여러 영토국가 국민들의 국가주의에 불을 당겼다는 사실을 지적해두는 것이 중요하다. 그같은 경향은 전지구화를 경제적·정치적 권력의 상실로 느끼는 선진 자본주의국가의 주민들에게서 아마도 더욱 심한 듯하다. 미국의 경우는 반응이 좌파와 우파 양쪽에서 표출된다. 몇년 전에 세계경제포럼(World Economic Forum)의 회장 겸 전무이사가 쓴 『인터내셔널 헤럴드 트리뷴』(*Interna-*

tional Herald Tribune)의 한 사설 제목은 "전지구화에 대한 역공세를 진지하게 고려하기 시작하라"였다(1996년 2월 1일자, 8면).

② 시장이 국가로부터의 이렇게 분리되는 것은 초국적기업의 활동양상에서 구체화되는바, 그같은 활동양상은 초국적기업들의 이해관계와 그들 출신국가의 사회적 기반 간에 광범위한 갈등을 불러왔다. 초국적기업들은 전지구화의 동력이다. 국가가 기업의 이해관계와 국민의 복지요구 사이의 균형을 추구했던 이전의 (미국의 뉴딜정책 시기와 같은) 국면에 견주어볼 때, 기업의 이해관계가 국내정책은 물론이고 국외정책도 지배하게 되었으며, 그 결과로 주민 대다수가 국가로부터 유리되기도 했다. 같은 호 『인터내셔널 헤럴드 트리뷴』에 실린 한 기사는 공화당 대통령 후보이며 경제적 국가주의자인 뷰캐넌(J. Buchanan)의 말을 인용하고 있다. "만일 제너럴 모터스사가 오하이오주 미시건에 있는 공장들을 폐쇄하고 멕시코씨티 외곽에 공장들을 다시 짓는다면, 제너럴 모터스사에게 이득되는 일이 더이상 미국에 이득이 되지 못한다." 이 인용문은 지난 40년간 기업의 이익과 국가의 이익 사이의 관계에서 일어난 변화를 요약한다. 그러나 그 속에는 또한 계급의 문제가 감추어져 있으며, 이 점은 좌파들이 뷰캐넌이 피력한 입장 가운데 몇몇을 공유하게 된 까닭을 설명해주기도 한다. 전지구화가 자본의 유동성을 증대시킨 반면, 노동계급은, 특히 선진 자본주의사회의 경우에는 여전히 국민국가의 영토 경계에 묶여 있다. 자본은 값싼 노동력을 찾아 세계 전역을 자유롭게 떠돌 수 있으며, 이것은 국가에 묶인 노동계급들을 전지구적으로 상호경쟁하게 만듦으로써 자본의 착취 및 통제능력을 증대시킨다. 따라서 자본주의의 전지구체제와 국가주의 간의 갈등은 계급갈등의 성격을 띠기도 한다. 우파와 좌파가 전지구화의 문제에 관해 몇몇 태도를 공유할 수도 있지만, 계급문제에 대한 태도에 따라 그들은 구분되어야 한다.

계급갈등이 관심을 끄는 만큼, 불행히도 그것은 자본에 대한 계급투쟁의 형태가 아니라 노동계급 내부의 계급 내적 갈등이라는 형태를 띤다. 바로 이 대목에서 국가가 정치적 태도를 결정하는 강력한 요인으로 계속해서 작용하게 되는데, 그 영향력은 국가간의 경제적·정치적·법적 차이에 의해 증대된다. NAFTA에서 GATT에 이르기까지 초국가적 기구는 최근 몇년간 노동의 유동성을 제약하는 한편 자본의 유동성 증가를 추구하는 경향을 보여왔다. 선진 자본주의사회의 노동자는 공간적 유동성을 획득하려는 욕구가 별로 없을 테지만, 자본의 전지구화 자체는 빈국으로부터 부국으로의 노동자 이동을 수반했다. 미국과 같은 사회에서 전지구화에 대한 '역공세'는 불행히도 이민 노동자들을 손쉬운 표적으로 삼으며, 그 결과 사실 자본의 전지구화의 희생자들이라는 점에서 비슷한 처지에 있음에도 불구하고, 노동계급의 한 부분이 다른 부분을 적대시하게 된다.

③ 전지구화와 국가 간의 쟁투가 전세계적 과정이기는 하지만, 이같은 쟁투가 체험되는 방식상의 차이들을 고려하는 것은 중요하다. 이 차이들은 과거 유산의 산물인 국가 내 세력의 내적 배치 양상에서 비롯될 수도 있고, 특정 국가가 세계경제 내에서 차지하는 위치에서 비롯될 수도 있다. 또한 이 차이들은 시간적 척도에서도 고려되어야 한다. 다시 말하면 국가가 전지구화를 추동하는 제반 세력에 의해 잠식되는 과정은 상이한 조건에서 상이한 속도로 진행될 수 있지만, 잠식과정 자체는 엄연히 존재한다. 듀크대학에 있는 일본사 전공 동료교수가 『전지구적 자본주의에 눈뜨기』를 읽고서 곧바로 보인 반응은, 일본은 국가와 기업, 노동계급 간의 관계가 미국과 다르므로, 이런 갈등의 면에서도 미국과 상당히 다를 것이라는 이야기였다. 마찬가지 주장이 유럽을 포함한 다른 여러 사회에도 가능할 법하다. 다른 한편 이같은 차이들이 전지구화에 맞선 유의미한 저항의 방편으로 활용되지 않는다면, 간극이 사라지

는 것은 시간문제에 지나지 않을 수도 있다. 내가 앞에서 인용했던『인터내셔널 헤럴드 트리뷴』같은 호에는 "기업 엑쏘더스, 일본주식회사에 균열 초래"라는 제호의 또다른 기사가 실려 있다. 일본 기업들은 투자를 일본 외부로 빼돌려왔을 뿐만 아니라, "더욱 공개적으로 전지구체제를 옹호하고 있다. 일본 최대의 합성섬유 제조업체인 토레이 산업주식회사는 상품생산의 장소는 중요하지 않다는 것을 암시할 목적에서 '메이드 인 토레이'(made in Toray)라는 구호를 채택했다."

내가 보기에 여기서도 계급의 문제가 중요하다. 초국적기업들은 자본의 전지구화에 공통의 이해관계를 걸고 있을 뿐만 아니라, 전지구를 무대로 다양한 환경에서 효과적으로 활동하기 위해 출신 국가 면에서 상이한 배경을 지니지만, 전지구적 자본주의의 제반 가치와 정향을 공유하는 경영자계급(본문에서는 스클레어의 표현을 따라 '초국적 자본가계급'이라 언급했다)에 점점 더 의존한다. 그렇다고 이 계급 내에 여타 모든 계급과 마찬가지로 출신배경 등에 따른 여러 모순이 존재하지 않는 것은 아니다. 하지만 이 시점에서 인상깊은 것은, 같은 경영대학원에서 훈련받고 공통된 언어와 가치를 공유하며 국가적 관점에서 이해된 시민권보다는 기업 '시민권'을 더 강조하는 계급이 하나 등장했다는 사실이다. 미국의 경우 이 계급이 자리잡아가고 있다는 것은 '다문화주의'에 대한 최근의 관심 집중에서 드러난다. 사실 다문화주의는 초국적기업들에서 비롯되어 사회적 관심 일반으로 퍼져갔다. 전지구체제와 다문화주의는 동일한 과정의 여러 양상으로서, 새로운 전지구적 계급구성에만 국한된 것은 아니지만 거기에서 결정적인 구실을 하는 요소이다.

④ 경제로 환원될 수는 없어도 자본주의의 현재진행중인 변화와 결부되어 있는 여러 동력으로 인해 민족개념 역시 쟁투의 장이 되었다. 내가 여기서 언급하려는 것은 '국가 없는 민족' 또는 종족이다. 종족은 국가 내적(intra-national) 의미에서나 간국가적(international) 의미에서 중

162

요성을 띠게 되었다. 종족적 구성체들은 내부로부터 국민국가에 도전하는가 하면, 이산집단의 형태로 외부로부터 국민국가에 도전하기도 한다. 후자는 그 존재 자체가 일국적 동질성과 일국적 문화의 의미에 의문을 제기하는 까닭에 현재로서는 특히 중요하다. 『전지구적 자본주의에 눈뜨기』에 제시된 논의에서 나는 '경계영역'개념을 부각시켰다. 그 논의에서 내 목표는 '경계영역'이 단순히 문화적이거나 비유적 개념일 뿐만 아니라 자본의 활동에 물질적으로 근거하고 있다는 사실을 강조하는 것이었다. 하지만 '경계영역'의 문화적 의미가 과소평가되어서는 안된다. 만약 그 용어가 근년에 문화연구에서 널리 쓰이게 되었다고 하면, 그것은 국민국가의 경계들 내부에 있으면서 (동일한 국민국가 안에 있는 상이한 문화적·정치적·법적 전통들이 수용된다는 점에서) 그러한 경계들의 의미에 문화적·정치적·법적으로 중요한 의문을 제기하는 종족적 '인터페이스들'이 존재하기 때문이다.

⑤ 문화는 우리의 사유에서 민족관념과 상당히 긴밀하게 연관되어왔으므로, 이에 관해서도 몇마디 해두는 것이 필요하겠다. 민족개념은 문화영역에서도 쟁투의 대상이 된다. 근년에 들어 단일한 민족문화라는 관념을 평가절하하려는 경향이 존재해왔다. 나는 이같은 주장의 기본전제, 곧 민족문화가 지역적 문화들을 억압함으로써 안출된 문화라는 생각을 수긍한다. 다른 한편 과거의 짐이 현재를 무겁게 내리누른다는 사실을 인식하는 것도 중요하다. 민족 또는 민족문화가 안출되었다 해도, 일단 안출된 다음 그것이 그 나름의 생명력을 획득할 수 있음을 부정하지는 못한다. 사실 종족들을 물신화하는 근년의 경향과 함께, 여러 종족이 자신의 문화적 특성을 표현하는 과정에서 민족을 지시대상으로 계속 활용함에 따라, '민족문화'들을 물신화하는 경향도 수반되었다. 『전지구적 자본주의에 눈뜨기』에서는 동아시아 및 동남아시아에서의 유교 부활의 문제가 간략히 다루어졌는데, 나는 이 문제를 그뒤에 발표

한 논문 「전지구적 자본주의와 유교의 재발견」[6]에서 좀더 발전시켰다. 유교의 부활은 문화를 둘러싸고 근년에 벌어지는 갈등의 좋은 예가 된다. 유교가 중국의 민족문화와 긴밀하게 연관되어 있다는 것이 분명한 한편, 그것은 일본과 한반도 역시 포함하는 동아시아 문화의 표징으로 제시되기도 한다. 동시에 유교적 가치들은 그것들이 동아시아와 동남아시아 사회들의 경제적 성공과 연관되는 만큼, '프로테스탄트 윤리'에 내포된 유럽중심적 가치들의 대안으로 제시되는 전지구적 자본주의 이데올로기에 통합된다. 달리 말하면 유교의 부흥은 민족적·지역적·전지구적 함축을 동시에 지닌다.

이슬람과 같은 여타 전통들에 내포된 비유럽·아메리카적 가치체계들은 물론이고, 유럽중심적 가치들이 현대사회에서 처한 운명에 대해서도 거의 같은 이야기를 할 수 있겠다. 개념상으로 그것은 동질화 대 이질화라는 현재진행중인 논쟁에서 표현된다. 세계를 문화적으로 동질화하는 것처럼 보일 수 있는 힘들이 의사소통매체를 통해 작동하면서 자본의 '보편적' 가치라는 이름 아래 인간집단들간의 차이를 지워나가고 있다. 반면 이질화하는 힘들도 작동하면서 그같은 가치들에 민족적이거나 지역적인 색채를 부여하고 있다. 『전지구적 자본주의에 눈뜨기』는 후자보다는 전자 쪽에 기울어 있다. 내 목표는 이질성의 존재를 부정하거나 동질화의 힘들이 궁극적으로 승리를 거두리라고 예측하는 것은 아니고, 마케팅 전략에서뿐만 아니라 소비자 이데올로기를 퍼뜨리는 데서도 자본 자체가 그 문제에 상당히 주의를 기울이고 있으며 이러한 차이들을 자신의 목표에 따라 조종하고 있다는 점을 단지 지적하려는 것이다. 경우에 따라서는 이같은 입장이 소비자집단의 가치들과 주체적 요소들을 부정하는 것으로 간주되기도 한다. 하지만 오히려 그 문제에 주의를 기울이면 기울일수록 우리는 그러한 주체적 요소들과 문화적 차이들을 자

---

6) *Boundary* 2 (November 1995).

164

본의 동질화하는 힘에 맞서는 데 동원할 수 있을 것이다. 그리고 내가 보기에 그같은 지역적 차이들은 국민국가로부터 분리되어야 한다. 그리하여 지역적인 것——자본과 국민국가 양쪽에서 억압을 받고 있으나 인간됨과 문화적 복리에 더 걸맞은 삶의 방식을 기약해주는——에 가치를 두는 이념들을 정식화해야 한다.

⑥ 마지막으로, 나는 어쩔 수 없이 과거지사가 된 것처럼 보이는 민족주의의 한 형태, 곧 민족해방운동의 기반이 되었던 혁명적 민족주의에 관해 몇마디 해두고 싶다. 2차대전 이후 근 30년 가까이 (몇몇 경우에는 2차대전 이전부터) 아시아에서 아프리카, 라띤아메리카에 이르기까지 민족해방운동은 민족의 경제적·정치적 온전성뿐만 아니라 사회정의의 실현도 목표로 삼는 새로운 국가들을 창출하기 위해 노력해왔다. 아시아의 마오와 호치민(胡志明)에서부터 아프리카의 아밀카르 카브랄(Amilcar Cabral)과 프란쯔 파농(Franz Fanon), 크와메 엔크루마(Kwame Nkrumah), 줄리어스 은예레레(Julius Nyerere) 그리고 라띤아메리카의 호세 까를로스 마리아떼후이(Jose Carlos Mariategui)와 체 게바라(Che Guevara), 피델 까스뜨로(Fidel Castro)에 이르기까지 반제국주의 민족지도자들은, 혁명투쟁의 과정이 유럽·아메리카의 헤게모니와 억압적인 국내의 유제를 함께 극복할 새로운 민족의식과 새로운 민족문화들을 발생시킬 것이라는 기대를 품고, 제국주의에 대한 투쟁을 국내의 계급투쟁과 결합하려 했다. 민족해방운동이 사회주의에 의해 고무되었고 사회주의가 그들의 목적에 분명히 유효했던 한편, 그들은 유럽중심적인 사회주의에 농경적인 제3세계사회의 관심사를 끌어들였고, 그 결과 필연적으로 기존의 발전론적 관념들에 문제를 제기했다. 민족해방의 물질적 조건들과 민족해방을 고무했던 전망은 전지구적 경제·정치관계가 변형되고 이러한 변형에 따라 민족국가의 지위가 변화하면서 증발해버렸다. 사실 그들 스스로 전지구적 체제를 물신화하는 가운

데, 제3세계 탈식민지 민족 엘리뜨들은 민족을 전제조건으로 삼았던 이전의 해방투쟁들뿐만 아니라 그 투쟁들의 조건이었던 식민주의의 기억들마저 지우려고 애쓰는 듯하다. 그 궁극적 운명이 무엇이건간에, 민족에서는 더이상 급진적 전망을 기대할 수 없다.

내가 제3세계개념에 관해 하고 싶은 주장은 앞에서 말한 내용에 대체로 따라 나오는 것이다. 민족에 관한 관념들을 해체한 바로 그 힘들이 세계를 구조적으로 삼분함으로써 개념상으로 조직화했던 논리를 해체했다. 제2세계가 실질적으로 사라짐에 따라, 세 개의 세계를 운위하는 것은 더이상 별 의미가 없다. 그런가 하면 제3세계 또한 매우 문제적인 개념이 되었는데, 그 부분적인 이유는 그 개념 자체가 민족들의 온전성을 전제로 삼았던 것이기 때문이다. 설사 그 온전성이 상상이 아닌 어딘가에 실제로 있었다고 하더라도, 지금에 와서 그것의 존속을 주장하는 것은 거의 불가능하다. 발전이라는 관점에서 보면 제3세계를 구성하던 나라들은 분리되기에 이르렀는바, 몇몇 나라들이 발전에 관한 담론에서 더이상 심각하게 취급되지 않을 정도로 주변화되었는가 하면, 다른 몇몇은 제1세계의 언저리에 다가섰다. 또한 그들은 내부적으로도 분리되었으니, 이전에 제3세계였던 사회들의 엘리뜨들은 이제 내가 앞에서 언급한 초국적 자본가계급의 일부가 되었고, 대다수 주민집단들은 주변화되거나 전지구적 노동력 공급원의 일부가 되었다. 이와같은 종류의 내부적 분리는 이전에 제2세계였던 사회들을 특징짓기도 한다. 다른 한편 나는, 원주민집단이 상대적으로 주변화되었을 뿐만 아니라 여러 제3세계사회 주민집단이 실제로 이주함에 따라, 제3세계가 제1세계의 맥락 속에 등장했음도 주장하고자 한다. 이 점과 관련해서 한 가지 지적해두는 것이 필요하겠다. 제1세계 안에 제3세계 주민집단이 존재한다는 생각은 세계 전역에 걸친 여러 차이들을 무시하려는 의도에서 나온 것이 아니다. 중심부 국가들의 가난한 주민집단은 주변화된 사회의 가난한 주민집단보다 여전히 훨씬 더 넉넉하다. 내 이야기는 무엇보다 세 개의 세계라는 구도가 해체되고 있음을 예시하려는 것이다.

그러나 이 문제에는 또 한 가지 측면이 있는데, 나는 이것을 『전지구적 자본주의에 눈뜨기』에서는 논하지 않았지만 이후에 좀더 상론한 바 있다.[7] 제3세계란 관념은 자본주의하에서의 구조적 분리의 산물일 뿐만 아니라 정치적 동원을 위한 관념이기도 했다. 제3세계는 발전의 대안적 양식——자본주의와 사회주의 양쪽의 대안이 되는 양식——을 추구하는 여러 사회들을 나타냈다. 하지만 제3세계는 사회주의와 마찬가지로 자본주의의 '바깥', 곧 대안적인 정치적 기획을 추진하면서 발전의 대안적 양식도 구상하는 근거지를 뜻하기도 했다. 이런 뜻에서 제3세계의 사라짐은 제2세계의 사라짐이 그러했듯이 바깥 하나가 소멸됨을 뜻하며, 현재 전지구적으로 만연된 근본적 비관론의 큰 부분도 그로써 설명될 수 있을 법하다.

지역적인 것과 전지구적인 것

『전지구적 자본주의에 눈뜨기』에서 나는 전지구적 자본주의 상황에서 급진적 전략은 지역적인 것을 출발점으로 삼아야 한다는 제안을 내놓았다. 이 제안은 어떤 현존하는 지역사회에 대한 전제보다는 하나의 정향성에 기반하는 추상화이다. 나 자신도 인정하는 바이지만, 자본의 영향권 바깥에 있는 어떤 원시적 지역사회도 존재하지 않으며, 세계의 가장 궁벽진 곳에 있는 지역사회도 자본과 근대성의 세력들에 의해 재편되었다. 더구나 설사 그같은 사회들이 존재한다고 해도, 매우 낭만적

---

7) "Three Worlds, or One, or Many? The Reconfiguration of Global Divisions under Contemporary Capitalism," *Nature, Society and Thought*, vol. 7, no. 1 (1994).

인 의미에서라면 몰라도 반드시 이상적인 모델은 아닐 터이다. 지역사
회들은 그들 나름의 억압과 착취의 형태를 지니고 있으며, 그로 인해 그
들은 본받을 만한 이상적 모델에는 미치지 못한다.

　오히려 내가 강조하려는 바는 장소 감각과 아울러 그같은 감각에 함
축된 인간과 인간 및 자연과 인간의 관계의 대안적 양식을 회복하는 일
이다. 내가 앞에서 언급한 저서에서 쟝 셰노는 현대경제를 "기반을 이탈
한 경제"(off-ground economy)라고 표현한다. 그 문제에 관한 그의 은
유는 하나의 해결책을 암시하기도 하거니와, 인간의 요구에 좀더 걸맞
게끔 경제를 '재정초'(regrounding)할 필요성이 곧 그것이다. 내가 말하
는 지역적인 것은 유산이 아닌 하나의 기획으로서, 자본의 약탈에 대항
하고 공동체적 삶과 환경에 대한 좀더 조화로운 관계를 지키기 위해 경
제를 재정초하려는 투쟁들의 과정에서 명확히 표현될 것이다. 이것이
여타 종류의 불평등(계급적, 성적 그리고 상이한 종족들간의 불평등)과
대면할 필요를 불러오리라는 것은 두말할 나위가 없다. 집단적 동질성
을 개념화하는 데 현재 활용할 만한 선택 가능성 중에는 토착주의
(indigenism)가 내 구상에 가장 가까운데, 토착주의는 토지에 대한 관
계의 회복을 주장하고, 얼굴을 맞대고 사는 까닭에 착취가 억제되는 일
상적 생활의 필요에 따라 형성된 인간관계를 강조하며, 발전지상주의
이데올로기를 발본적으로 거부한다(이에 관한 좀더 진전된 논의는 『탈식민
적 아우라: 전지구적 자본주의 시대의 제3세계적 비평』에 실린 「유산과 기획으
로서의 과거: 토착적 역사주의의 관점에서 본 탈식민적 비평」 참조).[8]

　급진적 투쟁에서 지역적인 것의 우위를 주장하는 것은, 지역적 욕구
가 전지구적 욕구에서 분리될 수 있다거나 그같은 투쟁이 지역적 활동
에 국한되어야 한다는 제안은 아니다. 그와 반대로 전지구적 자본주의

---

8) Arif Dirlik, "The Past as Legacy and Project: Postcolonial Criticism in the Perspective
　of Indigenous Historicism," *The Postcolonial Aura: Third World Criticism in the Age
　of Global Capitalism* (Boulder, C₆: Westview Press 1997).

에 대한 투쟁은 여러 수준에서 수행되어야 한다. 여기에는 여성조직과 같은 좀더 근래에 생긴 조직들은 물론이고, 노동조합과 같은 좀더 이전에 생긴 초지역적 조직들도 포함된다. 지역적 정향을 지닌 투쟁들의 성공 여부 자체는 필연적으로 지역을 넘어서는 여러 수준의 조정 및 동맹에 달려 있다. 차이점이라면 그같은 초지역적 정치활동이 목표달성을 보장받기 위해 국가 수준에 집착했던 과거와는 달리, 현재에는 지역 수준에서 자율성과 복지를 달성한다는 목표를 늘 염두에 둘 필요가 있다는 사실이다. 그같은 여러 투쟁들이 이미 전지구적으로 진행되면서 지역적인 것과 초지역적인 것을 상이한 형태로 배합하고, 상이하거나 심지어 상충하는 이해관계를 지닌 집단들을 상이한 형태로 제휴시키는 실험을 수행하고 있다. 불행하게도 미국과 같은 나라에서는 우파가 좌파보다 이 목표를 더 잘 달성해나가고 있는 듯 보일 법한데, 이것은 아마 우파가 계급과 성문제를 대중주의적 수사로 눈가림하거나 또는 좀더 효과적인 방법으로서 계급적, 성적, 인종적 억압의 문제를 외국인 혐오에 기반한 국가주의 쪽으로 돌릴 수 있기 때문일 것이다. 우파가 문제삼기를 거부하는 것은 발전지상주의 이데올로기이다. 그 대신 우파는 국가와 사회의 쇠퇴를 국가 안팎의 '외국인' 탓으로 돌리거나 아니면 그같은 발전지상주의의 사회적·환경론적 비용을 문제삼고자 하는 사람들의 탓으로 돌린다. 어려운 처지에 놓인 주민집단에게 그것이 호소력을 지니는 까닭은 명백하다. 또한 이것은 국가주의가 정치의식의 결정요소로서 여전히 힘을 발휘하고 있다는 증거이기도 하다. 전지구적인 것과 국가적인 것 및 지역적인 것 사이의 현대적 관계를 남들에게 밝혀 보이고자 한다면, 좌파는 이론적 근거를 들어 이같은 국가주의가 '안출'된 것이라고 무시해버리는 대신 심각하게 받아들일 필요가 있다. 지역적인 것에 기반한 정치전략은 지역적인 것에 관한 어떤 이상적이거나 이론적인 관념보다는 현재의 구체적 상황을 출발점으로 삼아야 한다.

이처럼 지역적인 것을 옹호하는 일은 과거로 후퇴하는 것, 곧 퇴행적

낭만주의의 표현인가? 나는 그렇게 생각하지 않는다. 그것이 설사 자본주의보다 훨씬 이전의 사회구성체들로부터 자양분을 섭취한다 하더라도 말이다. 토착주의라는 관념에 내포된 것과 같은 종류의 정향성이나 사회적 존재로 되돌아가는 것은 전지구적 자본주의의 열매를 즐기는 사람들에게는 과거로의 퇴행처럼 보일 수도 있겠지만, 우리는 세계 인구의 다수가 궁핍상태에서 살고 있음을 기억해야 한다. 그와같은 사람들에게는 토착주의가 퇴행이 아닐 뿐만 아니라 나날이 물리적·문화적으로 약탈당하는 삶의 대안이 될 수도 있다.

　과연 그것이 가능할까? 그럴 수도 있고 그렇지 않을 수도 있다. 하지만 적어도 그것은 대안을 잃어버린 듯 보이던 곳에 대안 하나를 제시한다. 『지구촌 또는 지구 약탈』에서 브레커와 코스텔로는 현재 조건에 적합한 새로운 급진적 전략을 제시한다. 막강한 걸리버를 굴복시키기 위해 자신들의 힘을 끌어모으는 『걸리버 여행기』의 릴리펏 사람들에게서 영감은 받아, 그들은 이 전략을 "릴리펏 전략"이라고 표현한다. 릴리펏 전략은 약자로 하여금 반격할 수 있게 해줄뿐더러, 그 과정을 통해 정치적으로 민주적이고 경제적으로 인간적인 삶을 다시금 일으켜 세우게 해줄 수도 있다. 그리고 그 삶은 '인간 부재의 진보'라는 이데올로기에 맞서 인간들의 장기적인 사회적·환경론적 욕구에 관심을 기울이기도 할 것이다.

보울더에서
아리프 딜릭

옮긴이의 말

독일통일에서 소련의 붕괴로 이어진 동구권 몰락이 몰고 왔던 충격의 여파는 아직 채 물러가지 않은 듯하다. 자본주의의 모순을 넘어서는 대안적 사회체제를 사회주의에 기대어 구상했던 진보세력은 방향감각을 잃은 채 휘청거렸고, 보수세력은 자본주의가 역사의 종착점이라는 것이 역사의 운동을 통해 입증되었노라고, 역사의 종말이 도래했노라고 공언했다. 이와같은 종말론적 반응은 동구권, 특히 소련이 상징하던 '자본의 바깥'이 사라짐으로써 자본의 논리가 전세계에 관철될 것이라는 인식에서 비롯된 것이었다.

하지만 자본주의와 대치하는 듯했던 세력이 소멸하거나 또는 극단적으로 위축된 상황이 자본주의에 내재하는 모순을 제거하거나 완화하지는 않았다. 오히려 최근 몇년간, 특히 작년의 국제정세 추이는 '자본의 바깥'이 사라짐으로써 자본주의가 자신의 모순을 배출하고 해소할 출구를 상실하였으며 그 결과 그 모순이 이전보다 더 노골적이고 악화된 모습을 띠게 되었음을 완연히 보여주고 있다. 러시아의 실패한 자본주의 실험이 모라토리엄 선언으로 구체화되는 한편, 금융 이윤을 찾아 지구 곳곳을 휘젓고 다니며 세계경제를 교란하던 국제 투기자본이 적절히 투자할 곳을 찾지 못해 대규모 적자에 직면하기도 한다. 동남아시아권에서 가시화된 금융위기가 한국과 일본을 거쳐 미국 본토까지 덮쳐가고 있으며, 바야흐로 자본주의의 전지구화가 자본주의의 전지구적·총체적 위기로 이어지고 있다는 그럴싸한 진단도 여기저기에서 이미 제시되고 있다.

딜릭의 『전지구적 자본주의에 눈뜨기』는 현금 위기의 진상을 간결하면서도 섬세하게 논파하는 가운데 전지구적 자본주의라는 형세를 대안적 삶을 향한 변혁의 가능성을 열어나가는 계기로 활용할 적극적인 방도를 유연하게 모색하고 있다. 자본의 논리가 전지구적으로 관철되는 형세가 좀더 인간다운 삶을 보장하는 사회를 이룩하고자 하는 열망을 잃지 않은 이들에게는 결코 절망적인 상황이 아니며, 오히려 이전의 시행착오를 자산 삼아 슬기롭게 실천에 임한다면 좀더 실다운 변혁의 전망도 트일 수 있으리라는 것을 딜릭은 차분한 논리로 설득해 보인다.

『전지구적 자본주의에 눈뜨기』는 크게 보아 세 가지 작업에 집중되어 있다. 이 작업들은 서로 연관된 것이고 각 장의 논의도 이들을 따로따로 나누기보다는 긴밀하게 상호 관련시켜 다루고 있지만 대체로 다음과 같은 정리가 가능할 성싶다.

첫째는 기존의 변혁이론 곧 맑스주의의 한계를 밝히는 한편 그 이론에서 지양·보존될 측면을 분석하는 작업이다. 딜릭은 산업자본주의 시대라는 태생적 배경으로 인해 맑스주의가 근대화론과 기본 전제를 공유하는 생산양식의 시간적·공간적 목적론 및 그와 연관된 개념상의 목적론을 내장하고 있으며, 이러한 문제는 레닌과 마오가 계승한 맑스주의의 경우에도 일정하게 답습되고 있음을 비판적으로 규명한 다음, 그럼에도 불구하고 맑스주의가 자본주의 비판으로서의 적실성을 유지하고 있을뿐더러 그 적실성은 전지구적 자본주의의 시기에 더 빛을 발하게 될 수밖에 없다는 것을 논증한다. 이와 관련해서 딜릭이 마오가 시도한 중국적 맑스주의에서 새로운 변혁운동 형태의 실마리를 끌어내는 대목이라든가, 계급개념의 추상적 성격에서 오히려 그 개념의 분석적 효용을 이끌어내는 대목 등은 반드시 경청에 값할 것이다.

둘째는 전지구적 자본주의의 전개과정과 작동방식을 밝히는 작업이다. 딜릭은 자본이 전지구를 이윤동기에 입각해서 동질화하는가 하면,

지역적 특성을 상품가치로 전환하기 위해 적극 활용하기도 하는 모순을 지니고 있으며 이러한 모순에 사회운동의 가능성이 잠복하고 있다고 주장한다. 아울러 딜릭은 이 과정에서 자본주의의 각 단계에 사회주의의 각 단계를 연관지으면서 현재 중국의 사회주의가 유연생산 시기에 상응하는 사회주의이며 이는 실상 전지구적 자본주의에 통합된 경제라는 것을 논증하는데, 이러한 주장의 참신성 여부와는 별개로 논지 전개의 명쾌함이 단연 돋보인다.

셋째는 전지구적 자본주의를 넘어서는 대안적인 삶의 가능성과 그 실현의 길을 탐색하는 작업이다. 딜릭이 내놓는 방안은 비판적 지역주의에 근거한 전지구적 연계로 압축된다. 비판적 지역주의는 전지구적 자본주의에 장악된 현재를 지역의 토착적 과거의 관점에서 비판적으로 대면하되 근대성이 제공하는 과거에 대한 비판적 평가도 동시에 유지하자는 입장이다. 이러한 입장은 최근 위세를 떨치는 '포스트주의적'인 급진 이론들에 대한 비판적 분석에 기반하는데, 특히 근자에 한국의 식자층에서도 지지세력을 넓히고 있는 탈식민주의의 핵심적 측면을 드러낸 다음 그것이 근본적으로 전지구적 자본주의의 이데올로기적 표현이라고 결론내리는 대목은 그 예리함이 주목을 끈다. '포스트주의' 비판과정에서 딜릭은 또한 총체성개념을 비환원적인 형태로 복권할 것을 주장하기도 하는데, 이런 주장은 이른바 거대서사에 대한 거의 히스테리적이라 할 거부반응이 지배적인 이론적 추세가 되고 있는 듯한 요즘 현실에서 귀담아들을 만하다.

『전지구적 자본주의에 눈뜨기』에 담긴 생각이 얼마나 적확하고 또 실현 가능한가에 대해서는 논란의 여지가 없지 않을 것이다. 하지만 발본적인 변혁의 열망이 사그라져가는 듯한 요즈음, 우리 사회가 대면하고 있는 현실을 넓은 시야에서 조망함으로써 희망의 불을 되살리는 데 적지 않은 도움을 줄, 간명하지만 요긴한 지침이 될 수 있겠다는 생각에서 감히 이 책의 번역에 나섰다.

딜릭 교수는 한국어판 출간을 위해 보론형태의 짧지 않은 글을 일부러 집필해주었을뿐더러 인터넷을 통해 역자들의 질문에 곧바로 친절하게 응답해주기도 했다. 깊이 감사드린다.

여러가지 이유로 번역작업이 오래 걸리는 통에 창비 편집진의 속을 어지간히 썩인 것 같아 퍽 송구스럽다. 특히 애초 이 책의 번역을 권한 백영서 교수와 편집 실무진에게 미안한 마음 전한다.

1장, 2장, 3장 및 「한국어판 출간에 부쳐」는 설준규가, 4장, 5장은 정남영이 각각 옮겼다. 각자의 번역초고를 서로 돌려가며 원문과 대조해서 검토, 수정한 다음 용어와 표현의 전체적인 통일을 기했다. 최선을 다하느라 애를 쓰긴 했지만 잘못되거나 서툰 번역이 적지 않으리라 생각한다. 역자들의 힘이 닿지 않은 탓이니 독자 제현의 질정을 기다릴 따름이다.

1998년 10월 28일
설준규 · 정남영

찾아보기

전지구적 자본주의에 눈뜨기

지은이/아리프 딜릭
옮긴이/설준규 · 정남영
펴낸이/김윤수
펴낸곳/(주)창작과비평사

초판 발행/1998년 11월 16일
2쇄 발행/1999년 1월 20일

등록/1986년 8월 5일 제10–145호
주소/서울시 마포구 용강동 50-1 우편번호 121-070
전화/영업 718-0541,0542 · 편집 718-0543,0544
　　　독자관리 716-7876,7877
팩시밀리/영업 713-2403 · 편집 703-3843
인터넷/홈페이지 www.changbi.co.kr
　　　　　www.changbi.com
　　　전자우편 changbi@changbi.com
하이텔 · 천리안 · 나우누리 ID/Changbi
지로번호/3002568
대체구좌/010041-31-0518274
조판/동국전산주식회사

ISBN 89-364-8503-2 03300
* 책값은 뒤표지에 표시되어 있습니다.

독자회원엽서

창작과비평사의 독자가 되어 주셔서 고맙습니다.
이 엽서를 작성하신 후 우체통에 넣어주시면 독서회원의 자격이 부여되며
본사가 발행하는 간행물과 도서목록 등을 보내드립니다. 그리고 이 자료는
더 나은 편집·기획·영업을 위하여 소중한 자료로 참고하겠습니다.

◆ 구입하신 책의 이름은?

◆ 구입동기

  1 주위의 권유 2　　　신문(잡지) 광고를 보고
  3　　　(신문·잡지·매체) 신간안내나 서평을 보고
  4 제목·표지·내용이 눈에 띄어서
  5 출판사에 대한 신뢰　6 작가에 대한 호감

◆ 이 책을 읽고 난 후의 소감은? (내용, 편집, 제목, 표지 등)

◆ 평소 저희 회사의 책을 애독하고 계시다면 관심있는 분야는?

  1 잡지　　2 신서　　3 소설선　4 시선　　5 아동문고
  6 교양문고　　7 기타(　　　　　　　　　)

◆ 현재 구독하는 신문, 잡지 이름은?

◆ 『창작과비평』을 구입해보신 적이 있습니까?
  예　　　　　　　아니오

◆ 창작과비평사에 하시고 싶은 말씀은?

이름　　　　　　　　(남 여)　　　나이
직장명　　　　　　　　　　　　　컴퓨터통신 ID
전화번호 (집)　　　　　　　　　　(직장)

우편엽서

보내는 사람

주소

□□□-□□□

우편요금
수취인 후납부담

유효기간
97.8.1～99.7.31

서울 마포우체국 승인
제266호

받는 사람

(주)창작과비평사

서울 마포구 용강동 50-1
전화 716-7876 · 7877, 718-0541 · 0542
수신자부담전화 080-900-7876

1 2 1 - 0 7 0